Carnegie's
Magic of Talking Arts

（美）卡耐基 著　林凯 编译

卡耐基
魅力口才与说话技巧

中国商业出版社

图书在版编目（CIP）数据

卡耐基魅力口才与说话技巧／（美）卡耐基(Carnegie,D.) 著；林凯编译．—北京：中国商业出版社,2013.4

ISBN 978-7-5044-8007-1

Ⅰ．①卡… Ⅱ．①卡… ②林… Ⅲ．①口才学—通俗读物 Ⅳ．① H019-49

中国版本图书馆 CIP 数据核字（2013）第 037882 号

责任编辑：张振学

中国商业出版社出版发行

010-63180647　www.c-cbook.com

（100053　北京广安门内报国寺 1 号）

新华书店总店北京发行所经销

北京毅峰迅捷印刷有限公司印刷

*

710×1000 毫米　16 开　14 印张　200 千字

2013 年 4 月第 1 版　2016 年 12 月第 4 次印刷

定价：29.80 元

* * * *

（如有印装质量问题可更换）

序言
PREFACE

征服烦恼，拥抱成功

哈佛大学里最杰出的心理学教授威廉·詹姆斯曾经写道："不管任何课程，只要你能满怀热忱，就一定可以确保无事。假如你对某一结果热切关注，你一定会达成愿望。假如你全心想做好一件事，你一定会做好它。假如你期望财富，那你就会拥有财富。假如你渴望成为一个博学的人，你一定会学富五车。只要你真心地期盼这些事，只有你心无旁骛地去努力，你才不会胡思乱想一些不相干的事，你才会得到你想要的东西。"

我是完全同意这一观点的，人的潜力是无限的，关键是你能够相信和开发自身的潜能。因为我自己的亲身经历和我所见证的数以万计的学员的成功奇迹都是最好的证明。

也许你只看到我今天的辉煌成就，但是你并不了解我的过去。其实，在三十五年之前，我肯定是纽约市区里最不开心的那个年轻人。那个时候，我是靠推销货车维持生计的，微薄的收入、枯燥乏味的工作，都令我非常的烦恼。而简陋的居所与不能不去廉价而肮脏的小饭馆吃饭的尴尬和委屈，让我对生活更加的不满。我的内心总是充满了苦闷和烦恼。难道这就是我所期望的吗？我扪心自问。以前的种种美好的梦想难道都成了终将幻灭的海市蜃楼了吗？不！于是，我毅然地辞掉了这份令我十分痛苦的工作。转而去了怀俄明立州师范大学读书，并接受了一定的公共演讲课程方面的训练，积累了宝贵的经验，从而能够在毕业后进入纽约基督教青年会夜校成人班授课。在那里，我收获了人生的重大发现，也逐步走向了快乐而幸福的人生。我完全没有想到，就是三十五年前那个决定彻底地改变了我的人生道路，使得我在以后的几十年中获得了超越我的最高期望的幸福和快乐。

在基督教青年会夜校，我发现，来上课的各行各业的人们都是为了解决实际问题——征服烦恼，拥抱成功。比如：他们希望自己能够有勇气在公开场合站出来说话，而不是胆怯或者因害怕而晕倒；他们希望培养坚定的自信心；他们希望自己受到领导赏识，晋职加薪，事业有成；他们希望自己能够找到与难缠的客户沟通的好办法，不至于因为无法解决突发事件而蒙受损失；他们希望能够处理好家庭生活中的各种关系……因此，我的每一节课都要讲得生动有趣，并且能够帮助他们解决问题。这一发现令我十分激动和兴奋，我终于找到了工作的更大价值和快乐所在。

为此，我查找了很多书籍来阅读，包括几百位名人贤士的人物传记，还参考了古往今来的哲学家们对于烦恼和人生的论述。同时，我还特意拜访了各个行业的杰出俊才，如杰克·邓甫希·布莱德雷将军、克拉克将军、亨利·福特、艾莲娜·罗斯福等人。此外，我还开办了一个实验室，专门研究如何征服烦恼，这是世界上的第一所也是唯一的一所此类实验室。我教给学生如何摆脱烦恼，开启不一样的人生。

自1912年开始，我就陆续开设了"如何当众演讲"的课程、教育讲座等等各种培训，目前，已经有几十万人从我这里成功毕业。

我衷心地希望，你可以亲自到我的家里或者是我们在世界各地所设立的代表处去看看，那么，你就可以看到那些存档的感谢信了。这些信件来自你所熟悉的

《纽约时报》、《华尔街日报》等报刊上的工商业界的杰出人物;来自社会名流,如州长、国会议员、大学校长、影视明星;来自普通人,企业中层管理者、劳工、工会会员、大学生、家庭主妇、牧师等等。他们都希望能够游刃有余地处理各种关系,希望能够气定神闲、信心十足地表达自己的思想并被别人所接纳。我见证了他们的奇迹。

比如:艾林先生在《讲演季刊》中做了一篇题为《讲演与领导事业上的关系》的文章,其中提到:"在历史上,有不少商业上的人才是凭着在讲坛上的优秀表现而被器重的。在多年以前有这样一位青年,他起初只是堪萨斯州的一个小分行的主管,就是因为一场精彩无比的演讲,他获得了提升。后来,他成了公司的副总裁,专门负责业务的拓展工作。"这件事的内幕我是知情者,那位副总裁其实就是担任国家现金注册公司理事会会长并兼任着联合国教科文组织主席的艾林本人。

本书是我多年培训经验的分享,不是闭门造车的异想天开,也不是空洞无物的研究专著,而是成千上万的真实故事所总结的成功精髓。它的价值是无法估量的。法国哲学家华莱理说:"科学,就是把许多成功的秘诀收集在一起。"本书正是这样,收集了许多解除烦恼、走向成功的秘诀。当你翻开这本书,成功的决定权就紧握在你自己的手里。只要你能够按照书中的方法和建议去行动,你一定可以拥有快乐而成功的人生。

Carnegie, D.

第一章　培养非凡而优雅的谈吐

1. 你的微笑价值不止百万 / 003
2. 倾听比倾诉更令人舒心 / 005
3. 以和善的方式赢得人心 / 009
4. 赞美对方，使其获得自重感 / 011
5. 多抛橄榄枝，做话题的制造者 / 015
6. 把握节奏，说话要传情达意 / 018

第二章　魅力口才修炼要诀

1. 不害怕，恐惧永远都是纸老虎 / 025
2. 不自卑，自信者他人才会信之 / 027
3. 不气馁，借用他人的有效经验 / 031
4. 要阳光，积极的心理暗示很必要 / 034
5. 要热忱，满怀希望等待实现理想 / 036
6. 要执著，心中始终坚定必胜信念 / 039

第三章　游刃有余的社交魅力口才

1. 凸显关注，牢记对方身份信息 / 045
2. 尊重他人，不从正面指出过错 / 048
3. 站好队，始终从他人立场出发 / 050
4. 用热情洋溢的话真诚赞美对方 / 053

目录 CONTENTS

5. 勇于担当，认错也能以退为进 / 056
6. 建议比命令更容易被接受 / 059

第四章 百战不殆的辩论魅力口才

1. 随机应变，风趣对答 / 065
2. 尊重别人，不当面指正他人的错误 / 067
3. 心理引导，始终让对方做出肯定回答 / 070
4. 寻找话题，旁征博引藏玄机 / 072
5. 巧比妙论，掌握说服对方的说话技巧 / 075
6. 探因究果，把握事物的因果关系 / 078

第五章 激情四溢的演讲魅力口才

1. 有备而动，让演讲踏歌前行 / 085
2. 要热诚，感动自己更能感动他人 / 088
3. 营造氛围，唤起情感共鸣 / 090
4. 巧妙地运用幽默的力量 / 093
5. 设置悬念，激发听众兴趣 / 096
6. 将"再见"说于听众的微笑中 / 099

第六章 出奇制胜的谈判魅力口才

1. 掌握谈判中提问的艺术 / 105

2. 谈判中让步行为的取舍 / 108
3. 细节往往是成功之所在 / 111
4. 软硬兼施，能方亦能圆 / 115
5. 活用激将法，事半功倍 / 118
6. 沉默有时是最好的武器 / 121

第七章 左右逢源的职场魅力口才

1. 能说会道，掌握面试主动权 / 127
2. 面试时如何巧妙"谈薪" / 129
3. 与下属沟通的口才艺术 / 132
4. 与同事沟通的口才艺术 / 135
5. 与领导沟通的口才艺术 / 138
6. 让你的批评容易被接受 / 141

第八章 无往不胜的推销说话技巧

1. 幽默是推销员的通行证 / 147
2. 用美好的语言打动顾客 / 149
3. 微笑是心灵的名片 / 152
4. 把情感推给"上帝" / 154
5. 以真诚赢得对方的信任 / 157
6. 投其所好，深入人心 / 160

目录 CONTENTS

第九章 得心应"口"的说服说话技巧

1. 动之以情,攻心为上 / 167
2. 将心比心,有理有力 / 169
3. 迂回诱导,循循善诱 / 172
4. 让对方开口说"是" / 175
5. 让对方认为是他的主意 / 178
6. 言之有理,以理服人 / 180

第十章 有声有色的夫妻相处说话技巧

1. 唠叨就是爱情的诅咒 / 187
2. 真诚地赞美你的爱人 / 189
3. 忍让相安,和谐共生 / 192
4. 幽默是婚姻的润滑剂 / 195
5. 讲究语言的表达方式 / 198
6. 创造双赢的夫妻沟通 / 201

附录

卡耐基生平 / 207
卡耐基著作 / 209

·第一章·

培养非凡
而优雅的谈吐

一个人的谈吐有时往往能影响到一个人的生存状况。好的口才能够使你的生活处处顺利,在紧要关头化险为夷;使你在人际交往中事事如意,八面玲珑……好好把握每一次表现的机会,你天生将无比亮丽。

1. 你的微笑价值不止百万

施科瓦先生曾告诉我，说他的微笑能抵得上 100 万美元。他大概是在向我暗示微笑的真理，因为施科瓦的性格魅力，以及他那令人欢喜的能力，几乎正是他特有的成功的全部原因。而他的个性中最可爱的因素之一，就是他那迷人的微笑能够打动一切人。

面带微笑给人温暖如春的感觉，满脸冰霜给人冷如寒冬的感觉。真诚的微笑往往会给人留下美好而深刻的印象。有人说，微笑是人际交往中最佳的通行证，是人与人之间最短的距离。

做一个真诚微笑的人，微笑会让人觉得你非常友善，他会明白你的心意："我喜欢你，你使我快乐，我很高兴见到你。"

我曾建议我班上的商界学员，让他们花上一个星期的时间，每一天的每一个小时都对别人微笑，然后再回到班上来谈他们的体验。事实上，他们这样做之后的效果怎样呢？

这是纽约证券交易所会员威廉·史丹哈德写来的一封信。他的情况并不是个别现象。事实上，他只是好几百人中的代表之一。

"我结婚已经有 18 年了，"史丹哈德写道，"在此期间，我从起床到准备好出门上班，我都很少对我的妻子微笑，或对她说上一两句话。我是那些在百老汇匆匆行走的人当中脾气最坏的一个。

"因为你建议我们去体验微笑，并要求我们就此进行演讲，于是我就想试一个星期，看看效果如何。所以，第二天早上，当我梳头的时候，我就看着镜子中那副阴沉的面孔，对自己说：'比尔，你今天必须扫除你脸上的愁容，你一定要微笑。你现在就必须开始。'我坐下吃早餐的时候，我对我妻子说：'亲爱的，早上好！'我说这话的时候，脸上带着微笑。

"你的确曾提醒过我,她可能会感到惊讶。可是,你低估了她的反应程度。她不仅是惊讶不已,简直是被惊呆了。我告诉她,她将来每天都能看到我这种愉快的表情。从此以后,我每天早上都是这样,至今已有两个月了。由于我改变了态度,结果我们家在这两个月中所得到的快乐,比过去两年中所有的快乐还要多。

"现在,当我去办公室的时候,我会对大楼开电梯的人大声说'早上好!'并对他报以微笑。我还微笑着和看门人打招呼。我在地铁售票处兑换零钱的时候,也会微笑地和服务员打招呼。当我站在交易所大厅的时候,还会对那些以前从未见过我微笑的人微笑。不久,我就发现每个人都对我也报以微笑。对于那些爱发牢骚的人,我也不再恼怒,而是和颜悦色地对待他们。当我听他们抱怨的时候,我会保持微笑,这样问题就很容易解决了。我发现,微笑给我带来了巨大的财富,我每天都会收获许多财富。

"我和另一位经纪人共用一个办公室,他有一位秘书,是一个很可爱的小伙子。由于我很高兴自己所取得的进展,就将自己最近所学到的人际关系哲学告诉了他。没想到他承认说,当他最初和我共用办公室的时候,他还以为我是一个郁郁寡欢的人呢。直到最近,他才改变对我的看法。他说,当我微笑的时候,他觉得非常亲切。

"现在我开始改掉了批评别人的习惯。我只欣赏和赞美别人,而不再指责他们。我也不再只考虑自己的需要,我现在更希望从别人的立场来看待问题。这些做法真的改变了我的生活。现在,我已经变成另一个完全不同的人了,我成了一个更快乐、更充实的人,而且富有友谊和快乐。这些显然才是最重要的。"

微笑是构建良好人际关系,调节各种矛盾的润滑剂。微笑就如同阳光,它能给他人带来温暖,使他们对你产生宽厚、谦和、平易近人的良好印象。微笑是一种宽容、一种接纳,它使人与人之间心灵相通,展颜一笑胜过千言万语。

对我们每一个人来说,微笑轻而易举,却能照亮所有看到它的人。当你每一次奉献出微笑的时候,你就在为人类幸福的总量增加分量,而这微笑的光芒也会回照到你的脸上,给你带来方便、快乐和美好的回忆,何乐而不为呢?

微笑是成功者的先锋。让我们细读阿尔伯特·哈伯德下面这段睿智的忠告，并为之付诸行动吧。

"你每次出去的时候，都要收缩下巴，挺起胸膛深呼吸；在阳光中沐浴，微笑着招呼每一个人，每次握手时都要用力。不要怕被误会，不要浪费时间去想你的仇敌。要在你心中明确你喜欢做什么，然后坚持不懈，勇往直前，集中精力大展宏图。随着时光的流逝，你会发觉你在不知不觉中抓住了机会，实现了自己的愿望。在脑海中想象你希望成为的那个有能力的、诚恳的、有作为的人，这种想象会长期影响着你，每时每刻提醒你，将你改造成为你所希望的那种人……思想的影响是至高无上的。必须保持正确的人生观，要有勇敢、诚实、愉悦的态度。正确的思想本身就有创造力。一切都来源于希望，每一次真诚的祈祷都会有所应验。我们内心希望成为什么，我们就会变成什么。因此，请收缩你的下巴，抬高你的头。我们就是明天的上帝。"

【卡耐基箴言】

◆ 如果你希望自己成为一位受人欢迎的说话高手的话，那么一定要记住：当你看见别人时，你也一定要心情愉悦。

◆ 做一个真诚微笑的人，微笑会让人觉得你非常友善，他会明白你的心意："我喜欢你，你使我快乐，我很高兴见到你。"

2. 倾听比倾诉更令人舒心

许多人曾告诉我，和那些善于谈话者相比，他们更喜欢那些善于倾听者。但是，人们所具备的善于倾听的能力，好像比任何其他能力都要少。

倾听能使对方喜欢你，信赖你。每个人都希望获得别人的尊重，受到别人的重视。当我们专心致志地听对方讲，努力地听，甚至是全神贯注地听时，对方一定会有一种被尊重和重视的感觉，双方之间的距离必然会拉近。

最近我在纽约著名的出版家格利伯举行的宴会上，遇到了一位著名的植物学家。我以前从来没有和植物学家交谈过，但是我觉得他具有极强的诱惑力。我一直坐在椅子上，静静地听他介绍大麻、大植物学家玻尔本以及室内花草等。他还告诉我许多关于廉价马铃薯的惊人事实。由于我自己有一个室内小花园，所以我经常会遇到一些问题，因此他非常热情地告诉我如何解决我的问题。

我已经说过，我们这是在宴会中。当然，在座的还有十几位客人，但我违反了一般的礼节，没有注意到其他人，而与这位植物学家谈了好几个小时。

到了深夜，当我向众人告辞的时候，这位植物学家转身面对主人，对我大加赞扬，说："卡耐基先生真是一个最富激励性的人。"然后他又极力称赞我在某方面这样这样，我在某方面那样那样……总之，他最后说我是一个"最有魅力的谈话家"。

一个有魅力的谈话家？我？可是我在这次交谈中几乎没有说什么话。事实上，如果我不改变话题的话，即使让我来说，我也说不出什么来，因为我对于植物学所了解的知识，就像对动物解剖学一样全然无知。

但是请注意，我已经做到了认真地倾听他的谈话。我专注地倾听着，因为我真的感兴趣。当然，他也察觉到了这一点，这显然让他很高兴。

可见，这种认真倾听对方的谈话，正是我们对他人的一种最高的恭维。

伍德福德在他的书《相恋的人》中写道："很少有人能拒绝那种带有恭维的认真倾听。"而我却比这还要更进一步。我告诉这位植物学家，我已经得到了极其周到的款待和指导，事实上我也感到如此。我告诉他，我真的希望自己能有他那么丰富的知识，而且我也确实希望如此。我还告诉他，我希望和他一起去田野中漫游，这也是我的真实希望。我还告诉他，我必须再见到他——我真的必须再见到他。

就因为这样，才使得这位植物学家认为我是一个善于谈话的人。但我实际上不过是一个善于倾听的人，并鼓励他谈话而已。

任何人都是对自己的事情更感兴趣，对自己的问题更关注，更喜欢自我表现。一旦有人专心倾听他们谈论自己时，就会感受到自己是被重视的。专心听别人讲话的态度，是我们所能给予别人的最大赞美。所以，善于倾听的人，永远比善于表达的人更能赢得他人的好感。

多年前的一个早晨，有一位客户怒气冲冲地闯进了德第蒙德呢绒公司创始人德第蒙德先生的办公室——这家公司后来成了世界服装行业最大的毛呢料供应公司。

"这个人欠我们公司15美元。"德第蒙德先生向我解释说，"尽管他不承认，但我们知道确实是他错了，所以我们公司信用部坚持要他付款。他在收到我们信用部的几封信之后，穿戴整齐地来到芝加哥，怒气冲冲地闯进我的办公室，告诉我说他不但不会支付那笔钱，而且今后再也不会订购我们公司任何货物。

"我耐心地静听他所说的一切。在此过程中，我虽然有好几次都想打断他，但我知道那并不能解决问题，所以我就让他尽情地发泄。

"当他最后怒气消尽，能够静下心来听别人的意见时，我平静地对他说：'你到芝加哥来告诉我这件事，我应该向你表示感谢。你已经帮了我一个大忙，因为我们信用部如果使您不愉快的话，他们也可能会让别的顾客不高兴，那可真是太不幸了。你一定要相信我，我比你更想听到这件事。'

"他大概怎么也没有料到我会这样说。我想他可能还会有一点失望，因为他到芝加哥来，本来是想和我大吵一番的。可是我在这里向他表示感谢，而没有和他辩论。

"我明确地告诉他，我们要勾销那笔15美元的账，并忘掉这件事。我还说，因为他是一个很细心的人，而且只是涉及这一份账目，而我们的员工却要负责几千份账目，所以和我们的员工相比，他可能不会出错。

"我告诉他，我十分清楚他的感受；如果我处在他的位置，我也会和他感受一样。由于他不想再买我们的产品了，于是我给他推荐了其他几家公司。以前他每次来芝加哥时，我们总是一同吃午餐，所以那天我照例请他吃午餐。他勉强答应了。但是当我们回到办公室的时候，他却订了比以往多出许多倍的货物，然后平心静气地回去了。

"为了回报我们如此宽厚地对待他，他特意检查了他的账单，结果一张他以前放错了地方的账单被找了出来。于是，他给我们公司寄来了一张15美元的支票，并向我们表达了他的歉意。

"后来，他的妻子生了一个男孩，他为他的儿子取名德第蒙德。他一直是我们公司的朋友和顾客，直到22年以后去世为止。"

《打入别人的心》的作者吉拉德·黎仁伯曾说："在你表现出你认为别人的观念和感觉与你自己的观念和感觉一样重要的时候，谈话才会有融洽的气氛。在开始谈话的时候，要让对方提出谈话的目的或方向。如果你是听者，你要以你所要听到的是什么来管制你所说的话。如果对方是听者，你接受他的观念将会鼓励他打开心胸来接受你的观念。"

总之，如果你希望自己成为一个善于谈话的人，首先就要做一个善于倾听的人。正所谓"要使别人对你感兴趣，首先就要对别人感兴趣。"要做到这一点其实并不难，你不妨问问别人一些他们喜欢回答的问题，鼓励他们开口说话，说说他们自己以及他们所取得的成就。

千万不要忘记，那个正在与你谈话的人，只会对他自己、他的需要、他的问题最感兴趣，这要比对你及你的问题胜过上百倍。

【卡耐基箴言】

◆ 许多人曾告诉我，和那些善于谈话者相比，他们更喜欢那些善于倾听者。但是，人们所具备的善于倾听的能力，好像比任何其他能力都要少。

◆ 如果你希望自己成为一个善于谈话的人，首先就要做一个善于倾听的人。要做到这一点其实并不难，你不妨问问别人一些他们喜欢回答的问题，鼓励他们开口说话，说说他们自己以及他们所取得的成就。

3. 以和善的方式赢得人心

如果一个人因为与你不和,并对你怀有恶感而对你心怀不满,那么你用任何办法都不能使他信服于你;如果一个人不愿改变他的想法,那么即使你勉强或迫使他也是徒劳无功。但如果我们温柔友善——非常温柔,非常友善——我们就能引导他们和我们走向一致。

大约在一百年前,林肯就曾对此发表过自己的看法,他如是说:

"一句古老的格言说:'一滴蜂蜜比一加仑胆汁能捕捉到更多的苍蝇。'对人也是这样。如果你要让别人同意你的观点,你就要先使他相信你是他真正的朋友。这就犹如一滴蜂蜜,用一滴蜂蜜赢得了他的心,那么,你就能使他走在理智的大道上。"

做人之道贵在柔善,柔善者人愿与其善,那么再困难的问题也能"软着陆"。

我曾读过一则关于太阳与风的寓言:

风和太阳争论谁更强劲有力。

风说:"我可以证明我更加强大。你看见那边那个穿大衣的老人了吗?我敢打赌,我能比你更快地使他脱去他的大衣。"

太阳摇头不语,微笑着躲到了云朵后边。

风开始刮起来,越来越大,几乎刮成一场飓风,但它刮得越厉害,那老人越是将大衣裹得紧紧的。

最后,风筋疲力尽地放弃了,平静下来。

接着,太阳从云朵后钻了出来,对老人温柔和善地"微笑"。过了一会儿,老人开始擦拭额头上的汗滴,脱下了他的大衣。

太阳告诉风说:"温柔和友善永远要比愤怒和暴力更强劲有力。"

一位交界的知名女士——长岛沙滩花园城的戴尔夫人的故事证实了这则寓言

真理。她是我班上的一个学员。下边就是戴尔夫人在班上所叙述的故事：

"我最近请了几位朋友共进午餐，对我来说，这是一个非常重要的聚会。因此我当然希望事事顺利，宾主尽欢。我的管家艾米平时在这类事情上是我的得力助手，但是她这次却让我失望至极。午餐搞砸了。根本看不到艾米的人影，她只派了一个侍者来招待我们。但这个侍者对高级招待全然不懂，做出来的肉又粗又老，马铃薯也是油腻腻的；招待过程中更是错漏百出。有一次他竟用一个很大的盘子给一位客人端了一小块芹菜。总之，我非常恼火，情绪坏透了。午餐当中，我一直强装笑脸，但我不断地对自己说：'等我见了艾米，一定饶不了她。'

"这是星期三发生的事。第二天，我听了一场关于人际关系的演讲课。之后，我意识到，即使责骂艾米一顿也是无济于事的，那反而会使她变得不高兴而对我怀恨在心，并且将来再也不愿帮助我了。于是我尽可能地从她的立场来看此事：菜不是她买的，也不是她做的，她的手下笨拙，她也没有办法；或许我平时过于严厉，容易发火。所以我决定不再批评她，而改用柔善的态度与她沟通。我决定用赞赏来做开场白——这种方法非常见效。次日，我见到了艾米。她似乎早就有所准备，正严阵以待想与我大吵一场。我说：'啊，艾米，我想让你知道，当我款待客人时，如果你能为我服务，将会对我大有帮助。你可是纽约最好的管家。当然，我完全了解你没有买那些菜，也没有烧那些食物。至于星期三发生的事，你是无法控制的！'

"于是，阴云消散了。艾米微笑着说道：'是的，夫人。问题错在厨师。那不是我的错。'

"所以，我接着说：'我已经安排好了下一次的聚会。艾米，我需要你的建议。你是否认为我们应该再给厨师一次机会呢？'

"'噢，当然，夫人，一定要这样。上次那样的事永远不会再发生了。'

"下一星期，我又请了客人吃午餐。艾米和我一同设计好了菜单。她主动提出只收取一半的服务费，而我也不再提起她过去的错误。

"当我和我的客人们来到宴会厅时，餐桌上摆放着两束鲜艳的美国玫瑰。这次午餐由四位侍者服务，食物醇美无比。艾米亲自在场照应。她殷勤周到，服务热情，做得尽善尽美，即使是宴请玛丽皇后，也不过如此。宴会快结束时，艾米亲自端上了可口的水果作为甜点。

"吃完午餐，在我们临走的时候，我的客人问道：'你对那个管家施了什么魔法吗？我可从未见过这样完美的服务，也从未见过这样殷勤的招待。'

"她说得的确不错，我已经对她施了友善待人和真诚赞赏的法术。"戴尔夫人如是说。

如果一个人能够意识到柔善的态度能够更好地改善人际关系，那么他在日常言行中也会表现出温柔和善的态度。强暴粗鲁的态度永远不可能赢得好人缘，只有柔善的态度才能征服别人的内心。

无论是狂风暴雨还是艳阳高照，无论是沧海巨变还是命运逆转，态度柔善的人永远都是平静沉着、温柔友善的，他宛如烈日下一棵浓荫片片的树，或是暴风雨中抵挡风雨的岩石。也正因此，他总是受到人们的爱戴和尊敬。试问，又有谁会不爱一个心灵柔善、温和敦厚的生命呢？

【卡耐基箴言】
- ◆ 温柔和友善永远要比愤怒和暴力更强劲有力。
- ◆ 一个人如果能够意识到"一滴蜂蜜比一加仑胆汁能捕捉到更多的苍蝇"的道理，那么他在日常言行中就会便显出温和友善的态度来。

4. 赞美对方，使其获得自重感

在人类行为中，有一条至为重要的法则，如果我们遵守它，就会万事如意；实际上，如果我们遵守这条法则，将会得到无数的朋友，获得无穷无尽的快乐。

可是，如果我们违背这条原则，就会招致各种挫折。这条法则就是："永远尊重别人，使对方获得自重感。"

约翰·杜威教授说："自重是人类天性中最强烈的冲动和欲望。"每一个人来到世界上都有被重视、被关怀、被肯定的渴望，如果你让他人感受到被重视，那你就会在极短的时间内获得他的认同和好感。

世界名著《基督教徒，法官，英国曼岛人》的作者凯恩，原是铁匠的儿子，一生只上过八年学，然而，他是如何成为伟大的小说巨匠，拥有千万"粉丝"的呢？让我们看一下他的事迹。

由于凯恩酷爱诗歌，所以他将大诗人罗斯迪所有的诗作都认真拜读了一遍，而且，他还写了一篇演说词，来歌颂罗斯迪在诗歌方面的艺术成就，并将它送给了罗斯迪本人。罗斯迪当然十分高兴，"任何一个青年能对我的才华有如此高深的见解，"罗斯迪说，"一定是个非常聪明的人。"

于是，罗斯迪将凯恩邀请到自己家中，让他担任自己的秘书。这对凯恩而言，可是改变人生道路的难得机会——因为他凭借这一新的身份，接触了许多当代著名的文学家，从他们那里接受有益的建议，并受到他们的鼓励和激发，开始了他自己的写作生涯，最终闻名于世。

凯恩的故乡是英国曼岛的格里巴堡，它现在已经成为世界各地旅游者观光赏景的胜地。他留下来的财产高达250万美元！可是，又有谁知道，如果当初他没有写那篇真诚赞美罗斯迪的演讲词——让罗斯迪获得自重感，也许他会穷困潦倒地度过一生呢！这就是发自内心地真诚赞美的力量，这是一种伟大的力量！

爱默生所说："凡是我所遇见的人，都有比我优秀之处。在这个方面，我正好可以向他学习。"每个人都有其优点，都有值得别人称赞和学习的地方。承认对方、赞美对方，使其感到自己的重要性，你就会获得他的友谊。

康涅狄格州律师向我讲述了一个他亲身经历的运用赞美法则获得成功的故事。由于他本人不愿让别人知道他的姓名，所以我们姑且称他为H先生。

第一章　培养非凡而优雅的谈吐

H先生来我班上接受培训之后不久，便和他的妻子驾车去长岛探亲。他的妻子将他留在她的姑妈家，让他陪同年迈的姑妈聊天，而她自己则去看望另几家亲戚。由于H先生要在班上做一次关于如何运用赞美法则的演讲，于是他打算从这位老太太这里开始训练自己这方面的能力。

H先生对老太太的房子环视了一番，希望能找到一些他可以真诚赞美的东西。

"您的这栋房子建于1890年前后吧？"H先生问老太太。

"是的，"老太太回答说，"正是那一年建的。"

"它使我回想起我出生的老家的房子。"H先生说，"它真是太漂亮了，里面宽敞又明亮！您知道，人们现在已不再建这种房子了。"

"一点都不错，年轻人！"老太太深表同感地说，"现在的年轻人可不怎么在乎漂亮的房子。他们所想要的，不过是一小套公寓和一个电冰箱，然后无忧无虑地开着汽车，到处兜风闲逛。"

"这是一所凝聚了理想和希望的房子。"老太太的声音有些颤抖，陷入回忆中。她充满柔情地说："这房子是我和我丈夫爱情的结晶。我丈夫和我在建这栋房子之前，设计构思了许多年。我们并没有请建筑师，它完全是我们自己设计的。"

然后，老太太领着H先生参观了这栋老房子。房子里摆放着老太太在世界各地旅行时搜集到的纪念珍品：波斯披肩、英国老茶具、中国瓷器、法式寝具、意大利油画，以及曾风靡于法国封建王朝时期的专用于古堡装饰的丝帷。她对这些东西视如生命般宝贵。H先生对这些东西表示了真诚的赞美。

"老太太领我参观完房子之后，"H先生说，"她又把我带到车库去。那里停放着一辆几乎是全新的别克高级汽车。"

"这辆车是我丈夫在去世前不久买的。"老太太慢慢地说，"他离开我之后，我再也没有用过它……年轻人，你很会欣赏美丽的东西，我准备把这辆车送给你。"

"不！姑妈！"H先生说，"您这可让我不知如何是好了。对于您这番盛情，我当然感激不尽。可是我怎么能接受这么贵重的东西呢？我不是您的直系亲属，而且我自己有一辆汽车。再说许多亲戚也很喜欢这辆别克车呢。"

"亲戚？！"老太太激动得大声喊道，"是的，我确实有亲戚。可是他们都正等着我死呢，那样他们就好得到我这辆汽车了。但他们谁也别想得到它。"

"如果您不愿将它送给他们，那您可以把它卖给旧车专营公司。"H先生说。

"卖掉它？！"老太太叫了起来，"你以为我想要卖掉它吗？你以为我愿意让那些和我素不相识的陌生人坐在我丈夫给我买的车中，到处跑来跑去吗？年轻人，我做梦都不会卖的。我只想把它送给你，因为你是个懂得欣赏美丽东西的人。"

H先生尽力拒绝接受老太太的汽车。然而他最后不得不收下它，因为他的拒绝只会使她更加伤心。

这位老太太孤零零地住在空荡荡的老房子里，与她为伴的只有波斯披肩、各种英国和法国古董，以及她的回忆。她所渴望的，正是像H先生这样的赞美和欣赏。她曾与丈夫共建了这栋房子，这里有他们温馨永恒的爱情。可是如今她已风烛残年，在这孤寂的环境中，她渴望得到一丝人性的温暖，得到几许真诚的赞美，但没有人给她所需要的东西。而H先生给了她这一切，她体会到了久别的情怀，使她心满感激。一旦她得到这一切，那么即使将那辆别克车送给H先生，也绝不能完全表达她对他的感激之情。

赞美是人心灵的催化剂，是世上最具震撼力的营养品。真诚的赞美如同予人玫瑰，手有余香。善于发现他人的闪光点，由衷地赞美他人，不仅能很好地鼓舞他人，给他人带来欢乐，而且能使人与人之间的关系更加紧密。

你希望周围的人赞同你，希望自己的价值得到他人的认同，希望自己获得他人的重视；你不愿听到一文不值的虚伪的奉承，但渴求得到真诚的赞美。"诚于嘉许，宽于称道"，我们大家都希望这样。那么，让我们记住：懂得欣赏和赞美他人，使其获得自重感，你不仅不会因此而失去什么，反而会收获更多。

【卡耐基箴言】

◆ 永远尊重别人，使对方获得自重感。

◆ 每个人都有其优点,都有值得别人称赞和学习的地方。承认对方、赞美对方,使其感到自己的重要性,你就会获得他的友谊。

5. 多抛橄榄枝,做话题的制造者

在人际交往中,少不了语言交流。可以说,每一次交谈,都决定着事情的成败。那么决定交谈成功的因素是什么?为什么有的人在谈话中能言谈自若,引人入胜;而有的人费尽心力却无法让谈话对象提起兴趣,甚至反感呢?

其实,你要做的事情,就是用最短的时间,来消除对方的警惕和排斥心理,让对方在你的亲切话语中接受你,从而变得友好起来。而一个合适的话题,就是让对方放下戒备,诚心和你谈话的最好工具。

卡森先生是一位童子军事业的工作人员。欧洲将举办童子军夏令营活动,卡森想邀请美国某家大公司的经理出钱,赞助一位童子军的旅行费用。他在去拜访这位大公司的经理之前,听说他曾开出了一张100万美元的支票,这在当时来说是一笔数额巨大的款项。

卡森在见到这位经理之后说:"我这一辈子从来都没有听说有人开过数额如此巨大的支票!我要告诉我的童子军,说我的确看到过一张100万美元的支票。"听到这里,这位经理非常愉快地把那张支票递给卡森看。卡森则赞叹不已,并询问这张支票的详细情况,这位经理饶有兴趣地告诉了他。

之后,那位经理问卡森:"请问你来找我有什么事?"到这时,卡森才说明来意。

结果十分出乎卡森的意料:这位经理不但立即答应了他的请求,还十分慷慨地付出了更多的资助。卡森本来只想请他出资赞助一名童子军去欧洲,可是他慷慨地资助了5名童子军和卡森本人,并当即就开了一张1000美元的支票,并建议他们在欧洲玩上几个星期。另外，他又给卡森写了封介绍信，把卡森引荐给他在欧洲分公司的经理，好为卡森提供帮助。当卡森一行抵达欧洲时，分公司的经理亲自去巴黎接了他们，领着他们游览了这座美丽的城市。从此以后，这位经理一直对卡森的童子军事业很热心，并且为家庭贫困的童子军提供工作机会。

卡森先生与陌生人交谈之所以能取得如此大的成功，其秘诀在于：刚开始时，他并没有和对方谈及有关童子军与欧洲夏令营的事，也没有谈他想要对方给予的帮助。他谈了对方感兴趣的话题，从而使对方高兴和他交谈，这样就能顺利达开交谈的话匣子。假如卡森根本就不谈对方感兴趣的事情，而是开门见山地提出请求，那么，这位经理有可能根本不会满足他的请求。

会说话的人在谈话中都注重寻找共同的话题，这是因为共同的话题能够引起双方的兴趣。寻找合适的话题，把谈话的重心放在对方感兴趣的事情上，就能使双方的谈话融洽自如。古罗马著名诗人西拉斯说："我们对别人产生兴趣的时候，恰好是别人对我们产生兴趣的时候。"所以，要善于从对方身上寻找共同点，并由此引出话题，这样就会引发亲近感。

多年来，费城的克纳夫尔先生一直想将燃煤推销给一家大型连锁公司，但这家公司的经理不予理睬，一如既往地从市外一个煤商处采购燃煤。有一天，克纳夫尔先生在我的班上作了一次演讲，对这家连锁公司大加指责，认为他们的行为是国家的一颗毒瘤。可是，他依然不知道他为什么不能把煤卖给他们。于是，我建议他试试采用其他手段。

简而言之，后来的情形是这样的：我将班上的学生分成两支队伍进行辩论，辩题是"连锁公司的广泛分布对国家是否害多益少"。

在我的建议下，克纳夫尔先生同意加入反对方，为连锁公司做辩护。于是，他径直去找那家被他痛斥的连锁公司的经理，对他说："我来这里，并不是向你推销燃煤的。我只是来请你帮我一个忙。"

之后，他告诉这位经理他要参加一场辩论赛，并说"我来请你帮忙，因为我认为没有人会比你更适合为我提供我所需要的材料。我非常想赢得这场辩论赛，无论你能给我什么帮助,我都将非常感激。"

下面是克纳夫尔先生对后来的情况的介绍:

"我请他给我一分钟的时间。由于讲了这个条件,他才答应见我。但是当我说明了我的来意之后,他让我坐下,和我谈了1小时47分钟。他还叫来另一位曾写过一本关于连锁经营的书的高级职员向我介绍相关情况。他还给全国连锁公司联合会写信,替我要了一份关于这方面的资料。他觉得连锁公司是真正为人们服务的,他对于能够为成千上万的人服务而倍感自豪。他谈话的时候,精神焕发,眼睛里放射出我从未见过的光芒。而我也必须承认,他开阔了我的眼界,使我看见了我以前连做梦都没有梦想过的事,他改变了我的整个想法。

"当我离开的时候,他把我送到门口,搂着我的肩,祝我辩论胜利,并请我再来看他,将辩论的结果告诉他。最后,他对我说:'请你在春末的时候再来看我。我愿意订购你的煤。'

"对我来说,这简直不可思议。我并没有提及煤的事情,可是他却要订购我的煤。我只不过因为对他及他的问题有真实的兴趣,因此在不到两个小时内所得到的成果,比我在过去多年中试图让他对我及我的煤产生兴趣所得的还多。"

人与人之间,很难在初次认识时就产生共鸣,往往必须先引起对方想与你交谈的兴趣,并在经过一番深入交谈后,才能让彼此更加了解。当你想尝试说服他人,或是对他人有所请求时,不妨先避开对方的忌讳,转而从对方感兴趣的话题谈起,而且不要太早暴露自己的意图,等到对方一步一步地赞同你的想法后,他们已是不自觉地认同你的观点了。

一个善于交谈的人,在与陌生人谈话时,能主动去寻找对方感兴趣的话题,因为好话题是初次交谈的媒介,是深入细谈的基础,是纵情畅谈的开始。把谈话的重点放在对方感兴趣的事情上时,对方会因为你的细心而感到高兴,并乐意与你交谈下去,这样你就能达到与对方深入交谈的目的。

【卡耐基箴言】

◆ 接触对方内心思想的妙方，就是和对方谈论他最感兴趣的事情。

◆ 如果我们想要交朋友，并成为受人欢迎的说话高手的话，就要用热情和生机去应对别人。

6. 把握节奏，说话要传情达意

当众讲话主要是通过声音传情达意。当众讲话时，人们在表意的同时，也把语调的高低、语速的快慢、语音的轻重、音量的大小、语气的徐疾等直接展现在听者面前。因而，以声音传递情感，往往直接而逼真，可感性很强。

声音的高低、轻重、快慢、停顿的变化，对于表情达意具有非常重要的作用。有声语言要有"演"的成分，特别强调语音的变化，即通过声调、节奏、语气等的变化追求较强的表达效果和较高的审美价值。抑扬顿挫的语调可表达说话者的情感，以声带情，声情并茂，从而引起共鸣。

成功的口才家在说话时很突出的一个方面就表现在，能用多种声调和语言说同一句话。前苏联教育家马卡连柯说："只有在学会用 15 种至 20 种声调说'到这里来'的时候，只有学会在脸色、姿态和声音的运用上能做出 30 种风格韵调的时候，我就变成一个真正有说话技巧的人了。"换句话说，口语表达要有波澜起伏、灵活多变的节奏，要有急有缓，有断有连，有起有伏，有张有弛。

说话要有节奏，该快的时候快，该慢的时候慢，该起的时候起，这样有起伏有快慢，有轻重，才形成了口语的乐感和悦耳动听，否则话语不感人，不动人。口语中有规律性的变化，叫节奏。有了这个变化语言才生动，否则显得呆板。有位意大利的音乐家，他上台不是唱歌，而是把数字有节奏地、有变化地从 1 数到100，结果倾倒了所有的听众，甚至有的感动得流下了眼泪，可见节奏在生活中是多么重要。

著名口才大师丘吉尔在他的第一篇口才学论文中,曾把"节奏"列为口才的四大要素之首。丘吉尔是深谙个种韵味的。有声语言的情感性,既有内在的思想情感色彩分量,又有外在的高弱、快慢、虚实的声浪形式。综合这两方面,就是平常人们的语调、语气、口吻。交谈中交谈者往往通过声音的强弱、呼吸的急缓、音调的高低、节奏的快慢,甚至调动喉音的仿声等造成各种氛围,表达高兴、难过、喜悦、愁苦、犹豫、坚决、轻松还是豪迈等复杂情感,从而将以声传情作为提高口才的重要手段。

华特·史蒂文在他那本由密苏里历史学会发行的《记者眼中的林肯》一书中告诉我们,这就是林肯在强调某一要点时最喜欢的方法之一。

"他(指林肯)会以很快的速度说出几个字,当遇到他希望强调的那个单词或句子时,他会让他的声音拖长,并一字一句说得很重,后面就像闪电一般,迅速把句子说完……他会把他所要强调的单词或句子的时间尽量拖长,几乎和他在说其余五六句不重要句子时的时间一样长。"

讲话的节奏是口语表达中重要的一环。说话的节奏不同,给人的感觉也不同。会说话的人可以用一个巧妙的停顿,扭转倾听者的情绪和谈话的气氛;不会说话的人,则常常会因为节奏失控而使谈话陷入僵局。所以,在说话时,要注意恰当地运用说话的节奏,把自己的感觉表达出来。

我们在说话中,需要明确这么一个说话的目的:社交语言要简洁、精练,并尽可能地承载更多和更有用的信息,这样才能使你的说话节奏明快,让人觉得你果断、直接,表意肯定。如果空话连篇、言之无物,节奏必然拖沓,会让人对你所说的话产生犹疑。

因此,要使你的语言"简短、精练",说话就要干脆果断,不拖泥带水,同时还要培养你分析问题的能力,要学会通过事物的表面现象,根据事物的本质特征,并善于综合概括。在这个基础上形成的交流语言,才能准确、精辟,有力度,有魅力。为了达到这一点,你可以采用下面的方法来安排你需要表达的信息。

1. 中心明确，有的放矢

交谈中，为了让对方更为直接地了解你所要表达的意思，就要明确你所要表达的中心思想，有针对性的说好每一句话。

因此，在说话之前你不妨扪心自问："我为什么要说？"或者"人家为什么要听我说？"预先想一想你开口说话所产生的效果，并把预期的效果当作目标，并为之努力，你就一定能够完美的表现你的口才，达到语出惊人的效果。

2. 朴素自然，通俗易懂

"话须通俗方传远。"也就是说，说话要大众化、通俗化，要用人们日常生活中常用的话语来表达自己的意思，也就是要口语化。口语化的语言通俗平易，浅白清晰，好说易懂，说之上口，听之入耳，容易为人们所理解和接受。古希腊哲学家、口才家亚里士多德在《修辞学》中指出："为了要做到通俗明白，选用词汇的时候，就应该选用那些通行的日常的词汇。"

3. 简洁明快，流畅自如

言不在多，达意则灵。对于你要陈述的观点，词汇或句子越少越好，不能光顾"滔滔不绝"言辞或是"如雷贯耳"的声音，而是要能够伺机而动，抓住说话的机会，使用简洁有力的语言，达到一语中的的效果。

美国威尔伯·莱特和奥维尔·莱特兄弟是人类航空史上勇敢的开拓者，他们于1903年12月17日成功地驾驶有动力飞机飞上蓝天。飞行过后不久，莱特兄弟前往欧洲旅行。在法国的一次欢迎酒会上，各界知名人士聚集一堂，主人再三邀请威尔伯·莱特演讲，他再三推辞不过，最后站起身来说：

"据我所知，鸟类中会说话的只有鹦鹉，而鹦鹉却飞不高。"

莱特可以详尽地介绍自己科学发明的经过，也可以谈论科学家的实干精神。但他伺机而动，用一句话，高度概括了创造的艰难和埋头苦干的精神，就是这一句话，已足以留给大家最深刻的印象。

第一章　培养非凡而优雅的谈吐

【卡耐基箴言】

◆ 你可以修饰你所说的话，但是你的意思必须让对方明白。

◆ 不要过多地重复说话的内容，可以适当地重复强调重要的内容，但是必须保证自己是有意识这么做的，而且尽量让对方知道这一点，不然他们会怀疑你很拖沓。

· 第二章 ·

魅力口才
修炼要诀

好口才不仅是人际交往的技巧，还是一种立足社会的能力。只要修炼好魅力口才的要诀，并在实际中充分发挥和运用，便能在社会活动中做到"胸怀锦绣，口吐华章"，让你从平庸中迅速脱颖而出。

1. 不害怕，恐惧永远都是纸老虎

众所周知，如果一个人不下水，他便永远也学不会游泳。修炼口才也是这样的。如果你不开口说话，即使你学了再多的表达技巧，再多的发音知识，也不可能学会它；如果不经常与人沟通，不经常进行有效的说话练习，不思考怎样更好地说话，也不可能取得口才能力的提高。

关键的一点是：不要把说话当成是负担。现实生活中，每个人都会有理想的自我形象，这种形象是被自我的自尊所包围着的，它不希望得到外界的破坏或贬低，它希望得到别人的赞许和认可。当与某个陌生人接触、与异性交往、与权威人士交流或是当众说话的时候，你就会下意识的保全自我形象，尤其是感觉到自我形象受到威胁时，更是担心得连一句话也不敢去说，生怕当众出丑、说话漏洞百出，害怕别人说自己是"笨蛋""没水平"或者是"不懂装懂，出风头"等。很多人由于对说话可能产生的结果的不确定性感到担心，甚至是恐惧，因此不愿意或是根本不敢开口。

在纽约市一个培训班的毕业聚会上，有一个毕业生面对大约 200 人，坦诚地说："卡耐基先生，我 5 年前来到你演讲的饭店门口，却不敢进去。因为我害怕如果进去参加了训练班，就要当众说话。因此我的手一直放在门把上，不敢推门进去；最后，我只好转身离开。当时我若知道你能让我轻易地克服恐惧，我想我就不会浪费这 5 年的太好时光了。"

他说这些话的时候，显得特别轻松自信。我想，这个人一定能通过他所学到的语言表达能力和自信心，提高他处理事务的能力。作为他的老师，看到他能勇敢地面对恐惧并且战胜它，我当然十分高兴。想想看，如果他在 5 年或 10 年前就战胜了恐惧，那么他现在肯定会获得更多的成功和更多的快乐。

在潜意识里，"恐惧交流"并不是某个人独自具有的心理，大多数人皆如此，只不过程度不同而已。殊不知，这种恐惧是多余的，也是没有必要的。如果你不去大胆地开口说话，那么永远不能拥有羡煞旁人的魅力口才。因为每个口才高手都是经历了一个从不敢说到说得不好，再从说得不好到说得很棒的渐进过程。所以，我常对自己的学员说："你要假设听众都欠你的钱，正苦苦哀求你多宽限几天；而你就是神气的债主，根本不用畏惧他们。"

杰出演讲家、著名心理学家艾伯特·爱德华·威格恩在读中学时，曾被老师叫起来发表 5 分钟的演讲。但是他当时一想到要当着那么多同学的面演讲，心里就非常恐惧，以致演讲将至之日他"病"倒了——头昏脑涨，脸颊发烧，他只好跑到学校后边，把脸贴在冰凉的墙面上，好让脸上的绯红尽快消退。

爱德华在读大学时依然恐惧当众说话。有一次，他小心谨慎地背下了一篇演讲词的开头部分。但是，当他走上讲台面对听众时，大脑里已是一片空白，思绪也已跑到了九霄云外。他战战兢兢、结结巴巴地从牙缝了挤出一句开场白"亚当斯与杰佛逊已经过世……"，之后就再也说不出一句话了。他只好向听众鞠躬致歉，在刺耳的笑声中沮丧地走下了讲台。

"当时，我在这世上最不敢期望的，就是当一个大众演讲家。"爱德华说。

但是，爱德华离开大学一年后，丹佛市出现了"自由造币"运动。他认为"自由造币主义者"是错误的，而且他们只做空洞的承诺，因此他凑齐了路费，然后到了印第安纳州，就健全的币制发表演讲。听众当中还有不少人是他的老同学。他回忆说：

"刚开始时，我在大学演讲的那一幕又出现在我的脑海中，恐惧几乎使我窒息。我讲话结结巴巴，恨不得立即从讲台上逃走。不过，我勉强讲完了绪论部分，虽然这只是一次小小的成功，但也立即增添了我的勇气，使我继续往下说。我自以为大约只有 15 分钟的时间，其实我说了一个半小时，这让我惊异极了。

"结果，在以后的几年时间，我成了全世界最吃惊的人。我竟然把当众演讲当成了我的职业。我终于体会到威廉·詹姆斯所说的'成功的习惯'是什么意思了。"

艾伯特·爱德华·威格恩终于认识到，要想克服当众说话那种灭顶之灾的恐惧感，最好的办法就是首先获取成功的经验，并以此不断地激励自己。

爱尔兰著名戏剧作家，评论家萧伯纳曾向别人介绍自己提高口才的经验时说道："我借鉴了自己学溜冰的方法——我让自己一个劲儿地出丑，直到学会为止。"无论你是想成为一个像萧伯纳一样出色的演说家，还是只想在人们面前从容洒脱地讲话，你都得从现在开始，抓住每个可以练习的机会，勇敢地对"恐惧交流"说"NO"。

如果能克服当众说话的恐惧，对我们做任何其他事情都会产生极大的、潜移默化的影响。那些敢于接受这项挑战的人，将发现自己正渐臻完美，逐渐战胜当众说话的恐惧，使自己脱胎换骨，进入更丰富、更完美的人生。

最后，我有必要重复以下几点，这将对你克服恐惧，开口说话大有帮助。

第一，你害怕当众说话、拒绝与人交流并不是特例。

第二，某种程度的交流恐惧感反而会刺激和激励你，我们天生就有能力应付环境中不寻常的挑战。

第三，许多职业的演说家从来都没有完全驱除登台的恐惧感。

【卡耐基箴言】

- ◆ 你要假设听众都欠你的钱，正苦苦哀求你多宽限几天；而你就是神气的债主，根本不用畏惧他们。
- ◆ 要想克服当众说话那种灭顶之灾的恐惧感，最好的办法就是首先获取成功的经验，并以此不断地激励自己。

2. 不自卑，自信者他人才会信之

在我的班上，有很多学员在学习完了之后坐在一起谈自己的心得。有相当多的人都认为他们所学到的最重要的东西就对自己的信心。也就是说，对自己成功多了一份信心。在某种程度上，没有什么比自信更加能够将一个人引向成功。正所谓"强者不一定是胜利者，但胜利迟早会属于有信心的人。"

人是自己命运的舵手，自信就是指引人生小舟航向的罗盘。人生前途的成败得失、幸福与否，关键所在，一言以蔽之，便是自信的有无而已。自信是做任何事情必须具备的正确心态。无论是攀登珠穆朗玛峰，还是与人交流说话，自信都是你成功的基本前提。

自信心的建立，并不是靠朝夕之功能完成的。因此，要想培养当众说话的勇气和自信心，就需要做到以下两点：

第一，提前做好充分的准备

美国最著名的心理学家威廉·詹姆斯说过："行动好像是紧随于感觉之后产生的，但事实上它是与感觉并行的。行动受意念的直接控制，通过意念来控制行动，我们也可以间接地控制感觉，但感觉却不受意念的直接控制。因此，假如我们失去了原有的自然的快乐，那么，让你自己变得快乐的最佳方法，就是快快乐乐地坐下来，让自己表现得本来就很快乐一样。如果这种方法还不能让你觉得快乐，那就没有别的办法了。所以，让自己感觉自己很勇敢，而且表现得好像真的很勇敢，并竭力运用你所有的意念去达到这个目标，那么勇气就很可能取代恐惧。"

信心是使无穷智慧的力量配合你明确目标的一种适应表现，是一种自我激励的精神力量，若离开了自己所具有的条件，信心也就失去了依托，难以将希望变为现实。为了培养信心和勇气，当你面对听众的时候，不妨表现得好像具有那种信心和勇气一样。当然，前提是你必须要做好充分的准备，否则再怎么表现也不能奏效。

1. 切忌背诵演讲词

"充分的准备"是不是逐字逐句地背诵演讲词呢？当然不是。为了做好演讲，以免在听众面前大脑一片空白，许多演讲者会首先将演讲词记下来。但是，如果我们逐字逐句地背诵讲话稿的话，面对听众的时候会很容易因为紧张而遗忘。而且即使没有忘记，讲出来可能也很呆板。为什么呢？因为这些背出来的东西不是发自我们的内心，只是出于记忆。

林肯就曾说："我不喜欢听枯燥乏味的讲话。当我听人讲话时，我喜欢他像在跟蜜蜂搏斗一样。"其实，当众演讲就像我们平时与人说话，也是很自然的事。我们应该做到不必费心思推敲字眼，随时都在思考。当思想清晰时，语言就会像我们呼吸的空气，在不知不觉中自然流出。

2. 思考演讲的题目

留心生活中那些有意义的、曾经给过你指引的关于人生内涵的经验，然后对这些经验中的思想、理念、感悟、等等进行汇集整理。

真正有用的准备，是对讲话题目的思考。查尔斯·雷诺·伯朗博士多年前曾在耶鲁大学做当众演讲时，就自己的亲身体验说："谨慎思考的题目，酝酿成熟之后，它会散发出思想的芳香……再把这些思想简要地写下来，只要能表达清楚概念即可……通过这样的整理，那些零散的片断就很容易安排和组织了。"

3. 进行必要的试讲

当你的演讲准备工作到了一定程度的时候，不妨对你的朋友或同事试讲一下，当然没有必要全部讲出来。这时，你就要仔细观察他的反应，看看他有什么想法，说不定他能为你提出一些很有价值的建议。

杰出的历史学家艾兰·尼文斯对某作家有过类似的忠告："找一个对你的演讲感兴趣的朋友，把你要说的话尽量详细地讲给他听。通过这种方式，可以帮助你发现可能遗漏的见解、事先无法预料的争论，并找到最适合讲述这个故事的形式。"

第二，进行积极的自我暗示

你的思想走向哪里，你的心就走向哪里。我相信许多人并不那么相信想象的力量，其实，在很多时候，你认为你是什么人，你的行为、思想、情感就慢慢地成为那样的人。人对自我的认定有很大的扩展性，积极的自我暗示会让人身心协调，精力充沛，消极的自我暗示可能会削弱和消耗自己。

要想在当众说话中获得成功，有必要给自己某些积极的暗示。试试下面的方法，这是经过多年来的摸索得出来的：

1. 选定题目，确信价值

演讲题目选定后，要根据情况进行汇集整理、研究演讲的题材，抓住其中更深层的意义。但这样的准备还不是很充分，还要让自己确信这个题材是有价值的，因此你必须具备坚定的态度，以此来激励自己，坚信自己。

2. 集中精力，专注目标

任何分心都会使成功擦肩而过。歌德曾说："你最适合站在哪里，你就应该站在哪里。"

说话之前，尤其重要的是要将注意力从自己身上移开，一心一意紧紧把握既定的方向和目标，假如你想象自己可能会犯语法错误，或中间突然讲不下去，等等，这些消极想法很可能会使你在开始之前便失去信心。要集中精神，听别的说话者在说什么，把你的注意力放在他们身上，这样就不会给你造成过度的登台恐惧了。

3. 自我激励，增强意志

任何一位演讲者都有可能对自己的演讲题材产生怀疑，在心里产生消极的思想。比如他也许会自问"自己适不适合这个题目"、"听众会不会感兴趣"等等。这样消极的思想有可能彻底毁灭演讲者的自信心。所以，你应该先给自己打气，用浅显的话鼓励自己。比如，"这次演讲是很适合我，因为它来自我的经验，来自我对生命的看法"，"我将比任何一个听众都更适合来做这番特殊的演讲"……

现代实验心理学家们认为，由自我暗示而产生的动机，即使是假装出来的，也会成为人们快速学习的最有力的动力。既然如此，那么根据事实所做的真诚的自我激励，效果自然更佳。

第二章 魅力口才修炼要诀

【卡耐基箴言】

◆ 只有做好充分准备的演讲者,才能具备完全的自信。这好比上战场却带着不能用的武器,而且不带半点儿弹药,又何谈攻城略地呢?

◆ 要想在当众说话中获得成功,有必要给自己某些积极的暗示。

3. 不气馁,借用他人的有效经验

说话是一项实践活动,没有实践,害怕失败,不敢开口,任何人都不可能练出一副好口才的。不怯场、敢说话才是取得口才能力的一个先决条件。敢于说话而不善于说话不行;善于说话而不敢说话,也不行。只有既敢于说话又善于说话,这样才会如虎添翼、锦上添花,产生良好的口才效果。

很多人都有这样的一种表现:当人们要求自己站起来讲话时,就觉得很不自在,很害怕,使自己不能清晰地思考,不能集中精力,不知道自己要说的是什么。所以,要培养自己良好的口才,首先要获得勇气,能泰然自若,当众站起并能随心所欲地思考,能依逻辑次序归纳自己的思想,在公共场所或社交人士的面前侃侃而谈,富有哲理且又让人信服。那么,让我们谈一谈关于如何鼓起勇气的话题。

格雷其公司已故的董事长大卫·格雷其先生有一天来我的办公室,他对我说:"在我的一生中,每次面对众人讲话时,总是异常惊恐。但是身为董事长,我又不能不主持会议。平时在会议上与董事们谈话时,我都能够对答如流,没有什么障碍,但是当我站起来讲话时,就会有一种莫名其妙的惊恐,一句话都说不出来。这种情况已持续多年,我觉得十分严重。卡耐基先生,现在我想知道,你是否能够帮我克服这一毛病。"

"既然如此,是什么原因促使你来找我的呢?"我问他。

"这是因为最近发生了这样一件事。"格雷其先生回答道,"我有一个会计,他专门为我处理私人账目。他原本是一个十分害羞的小伙子,每天进自己的办公室时必须经过我的办公桌。许多年来,他一直都是蹑手蹑脚十分小心,双眼紧盯地面,连头都不敢抬,也很少说话。但是,他最近却像是换了一个人,变得神采奕奕,走进办公室时也敢抬头挺胸了,并且还大大方方地问候我。我对他的这种变化十分惊讶,就问他是怎么回事。他告诉我,说他参加了你的课程。正是因为这个小伙子的改变,我才来寻求你的帮助的。"

我对格雷其先生说:"如果你能够定期来上课,并且严格按照我的要求训练,你就会跟这位会计师一样有所改变的。"

"如果你真的能改变我,"格雷其先生说,"那我可就是全世界最快乐的人了。"

格雷其先生果然定期来参加我们的训练课了,并且进步神速。3个月后,我邀请他参加了在阿斯特饭店舞厅举行的宴会,参加者有3000人。我希望他谈一谈自己是如何从口才训练课程中获益的。他很抱歉地说他不能来,因为他已经安排了一个重要的约会。但是,第二天他又打来电话对我说:"卡耐基先生,我已经把约会取消了。因为我非常高兴接受您的邀请。我要告诉人们卡耐基口才训练班给我带来的好处,它真的使我变成了这个世界上最快乐的人。我希望以自己的故事来激励人们,让他们彻底消除损耗他们生命的恐惧。"

在宴会上,格雷其先生对着3000人侃侃而谈,我最初只打算给他两分钟时间,结果他足足说了10多分钟。

如果你希望像格雷其先生那样,你也可以在短期内掌握这门艺术。事实上,正如格雷其先生在讲话中想要告诉人们的那样,你完全可以从他的经历中认识到:说话其实并不是一件很难的事情。换句话说,不要把说话当作一种压力,你可以借用他人的有效经验来鼓起自己的勇气。

他山之石,可以攻玉。他人的有效经验都是经过反复实践检验、行得通的、可操作的。向他们学习成功的方法,就必然要直接或间接与成功者为伍,受他们的世界观、思维方法的影响而积极上进。

我希望你有机会去我家，我将为你展示我收到的来自世界各地的感谢信。写信的人有的是企业界的领袖，有的是州长、国会议员、大学校长和娱乐圈的明星，更多的则是企业中的主管人员、工人、工会成员、大学生、家庭主妇、牧师等，他们都是一些默默无闻的普通人。

他们的共同点是：都觉得自己需要表达自己的观点、与人沟通，以让别人了解和接纳自己，但是却缺乏足够的勇气、足够的自信心——也就是说，他们一开始都不善言辞。正是因为取得了一定的成绩并实现了自己的目标，所以他们才心怀感激，特意给我写信表示感谢。

其实，人人皆是你学习的对象。因为不论相识与否，每个人都或多或少有值得你效法之处。最重要的是，你得研究他们的生活，积极借鉴他们的经验，并灵活地应用在自己的生命中。正如著名潜能专家安东尼·列宾所说："别人能够做到的，你同样也能够做到。这跟你的意愿无关，而涉及到你使用的方法，也就是参照那人是怎么去做的。本质上的一些成功因素是需要自身具备的，但是方法绝对是可以借鉴的。"

因此，当你与那些重要的人物进行交流、进行商业谈判时，甚至只是在平常与人交谈时，你都可以借用他人的经验来激励自己。在你感到胆怯的时候，问一问自己："既然他们都取得了成功，我为什么不能呢？"

【卡耐基箴言】

◆ 人人皆是你学习的对象。因为不论相识与否，每个人都或多或少有值得你效法之处。最重要的是，你得研究他们的生活，积极借鉴他们的经验，并灵活地应用在自己的生命中。

◆ 不要把说话当作一种压力，你可以借用他人的有效经验来鼓起自己的勇气。

4. 要阳光，积极的心理暗示很必要

人的意识会产生一种"心理导向效应"，即人的内心都会有一种强烈的接受外界暗示，通过语言、形象的传播媒介树立形象的欲望。表面看，这似乎有些"形式主义"，实际上形式达到一定的"量"，一定能引起"质"的变化。而现代实验心理学家都同意这样一种观点：自我暗示是建立自信最直接最有效的方法之一，通过自我暗示和自我肯定就可以逐步达到自我的实现与超越。

一个人上楼梯，分别以 5 层和 10 层为目标，其疲劳状态出现的早晚是不一样的。我发现，如果把目标定在 10 层，疲劳状态会出现得晚一些。因为当你爬到 5 层的时候，你的潜意识便会暗示自己：还有一半的楼梯要走，现在可不能气馁！于是你就会继续努力向上走！

也就是说，目标高低带来的自我暗示直接决定了我们行为能力的大小。进而我们可以一个这样的结论：意识不但会影响到你的心理状态，而且会直接影响到你的生理状态。这就是心理暗示的重要性。暗示不可抗拒，就因为它"暗"，潜移默化。

人的思维就是一个有目标的电脑系统。萦绕在你头脑中的潜意识，就有如电脑程序，直接影响机制运作的结果。如果你的潜意识中自己是一个失败的人，你会不断地在自己内心那"荧屏"上看到一个垂头丧气、难当大任的自我；听到"你是不长进、没有出息"这一类的负面信息；然后感受到沮丧、自卑、无奈与无能——而你在现实生活中便会"注定"失败。

如果你的潜意识中自己是一个成功人士，你会不断地在你内心的"荧屏"上见到一个趾高气扬、八面玲珑的自我；听到"你做得很好，但你会做得更好"这一类的鼓舞信息；然后感受到喜悦、安慰、勇敢与卓越——而你在现实生活中便会注定成功。

一个叫亨利的美国人，三十岁时仍然一事无成。偶然一次和朋友聊天，朋友说他像拿破仑的孙子，他便认为自己真的是拿破仑的孙子，想到拿破仑那样优

秀，自己当然也是很优秀的，从此就对自己充满了信心。没过多久，他就成了一家公司的总裁。后来当他得知自己不是拿破仑的孙子时，他说："我是不是拿破仑的孙子已经不重要了，重要的是我有没有对自己充满信心。"

自我暗示具有催眠引导的作用，如同将美景摄入照相机一样，信心就会像冲洗的底片，经过暗房处理，呈现张张精彩的画面。因此自我提醒的观念应常记在心，必能使你意识到自己的不凡。

美国总统西奥多·罗斯福在他的自传里说："小时候，我总是病怏怏的，而且很笨拙。年轻时，我既紧张又没有自信，因此不得不艰难而辛苦地训练自己，不只对身体，而且对灵魂和精神进行各种训练。"

在谈到自己蜕变的经过时，罗斯福又说："孩提时代，我在马利埃特的一本书里读到一段话，给我的印象极深刻，总是萦绕在心。有一艘小型英国军舰的舰长，向士兵们讲述如何才能做到气宇轩昂、无畏无惧。他说：刚开始的时候，每个人想有所行动，但都会感到害怕。所以每个人都应该学会驾驭自己，让自己表现得好像没有任何畏惧。这样持之以恒，原先假装出来的东西就会变成事实，他自己就是通过这种练习，才不知不觉中真的变成无所畏惧的勇者的。

"这便是我训练自己的理论依据。刚开始，我害怕的事情太多了，从大灰熊到野马，还有枪手，我没有不害怕的，可是我故意假装不怕这些东西，慢慢地我就真的不再害怕了。大家如果愿意，也能像我一样做到。"

人的潜意识中隐含着一股令人难以想象的推动力，具有帮助你达成任务的效果，能使你的感情或情绪丰富明朗化，蛰伏的思想源源涌出。这股伟大的力量虽然存在，但似乎始终处于冬眠的状态中，必须靠着不断的自我提升才能使它醒来。

拿破仑·希尔说："你相信自己可以，你就可以！"积极的心理暗示可以使我们克服恐惧、战胜困难，对我们做任何事情都十分有利。那些敢于接受这项挑战的人将发现自己正脱胎换骨，享受更丰富、更美好的人生。

那么，如何才能让潜能释放，起到暗示的作用呢？其实只要做到以下几点就可以了。

1. 默念的句子简单有力，比如：每天要开心，乐观面对困难；
2. 用肯定语气正面表达，相信有付出就一定有收获；
3. 要有具体的目标，并要具有可行性；
4. 在脑海里呈现清晰的图像，想象以后的成功画面；
5. 快乐、健康地感受生活。

【卡耐基箴言】

◆ 自我暗示是一种被主观意愿肯定了的假设，不一定有根据，但由于主观上已肯定了它们的存在，心理上便竭力趋向这项内容。

◆ 自我暗示是建立自信最直接最有效的方法之一，通过自我暗示和自我肯定就可以逐步达到自我的实现与超越。

5. 要热忱，满怀希望等待实现理想

希望虽然没有颜色，却能使你的生命辉煌；希望虽然没有形状，却能给你以神奇的力量。如果生命中怀着希望，梦也会闪闪发光。只有希望之火不灭，才能奋斗不息，才能历经磨难，实现理想。

著名心理学家詹姆斯教授曾说："年轻人不要担忧自己是否受过高等教育，只要在每天的生活和工作中，每分每秒充实地忙碌着，就可以获得美好的结果。他可以有充分的自信，期待着在某一个美好的早晨醒来时，发现自己已经成为一名成功者，而不论他所追求的是什么。"

在这里，我也想对大家说，只要坚持不懈地努力练习，你就可以充满信心地希望在个美好的早晨醒来时，发现自己已成为最出色的演讲家之一了。不论这话

听起来多么虚幻，但它却是一条颠扑不破的通则。当然，对于那些心性不稳定、个性极度自卑、毫无人生经历可言的人来说，自然不能妄想有朝一日成为著名演讲家。但就一般情况而言，这一论断却是正确的。

乔·哈弗斯第曾经是我培训班上的一名学员。有一天，他站起来信心十足地对大家说，他不满足于做一名房屋建造商，他希望自己成为"全国房屋建筑协会"的发言人。他最想做的事是在全国各地奔走，把他在房屋建筑业中遇到的问题和获得的成就告诉人们。难能可贵的是，他不但对理想有一种狂热的追求，而且真的说到做到。

乔·哈弗斯第想讲的，不仅仅包括地方性的问题，还包括全国性的问题。对于这样的想法，他并没有三心二意，而是用心地准备自己的演讲，并且用心地进行练习。在上课期间，他从没有耽误一次课；即使再忙，他也仍然一丝不苟地按照训练班的要求去做。结果，他进步之快令大家都十分惊讶。两个月之后，他成了班上的佼佼者，被选为班长。

大约一年以后，我几乎已经忘记了来自俄亥俄州的乔·哈弗斯第了。一天早上，我正在吃早餐。当我不经意间打开《弗吉尼亚向导报》的时候，报上醒目的位置处赫然有一幅乔·哈弗斯第的照片和一篇称赞他的报道。报道中说：前天晚上，乔·哈弗斯第在一次地区建筑商的盛大聚会中发表了精彩无比的演讲。这时的乔已经不是"全国房屋建筑协会"的发言人了，简直就像是会长了。

乔·哈弗斯第为什么能够成功呢？因为他有强烈的欲望，保持了高度的热忱，具备了克服困难的坚强毅力，更加重要的是：他相信自己一定能够成功。

我认识成千上万的人，他们尽了一切努力，一心想要获得充分的自信心，使自己能够面对大众侃侃而谈。在许多成功者当中，只有极少数人具有天赋，而大部分人不过是平常之人，坚持不懈正是他们取得成功的秘诀。相反，那些具有特殊才能的人，由于他们过分看重金钱，结果变得庸庸碌碌，未能取得什么成就。普通人只要有目标、有希望、有胆量，即使走到人生的尽头，也能到达事业的顶峰。

希望是人生最宝贵的财富，也是所有勇气和力量的源泉。只要有了希望，哪怕面临的是最严酷的考验，我们也会有敢于挑战的勇气和力量。正如马丁·路德金所说："世界上所做的每一件事都是抱着希望而做成的。"

几年前，我来到奥地利境内的阿尔卑斯山，想攀登一座名叫韦尔德·凯瑟的山峰。《贝德克旅行指南》中说，攀登该峰极其困难，业余登山者应该有向导带路。而我和朋友两人既不是专业登山运动员，也没有请什么人当向导。当一位朋友问我们是否能成功时，我们的回答是"当然！"

"为什么你们认为自己会成功呢？"这位朋友追根究底。

"也有人不请向导而取得了成功。"我说，"而且我做任何事情都不会想到失败。"

永远满怀希望——这是做任何事都应该具有的正确心态，从演讲到征服珠穆朗玛峰，全都是如此。

一个人演讲成功的程度，往往取决于演讲前所做的思考。因此，不妨设想自己正在以完全的控制力对他人讲话，这是你力所能及的事——相信自己会成功，并且满怀希望地等待收获成功，只有这样，你才能愉快地去做成功道路上必做的每一件事。

爱默生曾这样写道："没有热忱，就没有伟大。"这不仅仅是一句文学词句，而且是通往成功的途径。

威廉·费尔伯也许是耶鲁大学有史以来最受爱戴和欢迎的教授之一。他在《教书热》一书中这样写道："对我来说，对教学的热爱远远超过了其他职业。我热爱教书，就像画家喜爱绘画，歌手喜爱唱歌，诗人喜爱写诗一样。每天早晨起床之前，我总是热切地想着自己那一群青春活泼的学生。"

对自己的职业充满热情，对自己的工作充满兴趣，最终实现成功又有什么值得奇怪的呢？费尔伯教授之所以能对学生产生巨大的影响力，主要原因在于他投入了自己全部的关爱、挚诚与热情。

如果将这种热忱加入当众演讲的学习和训练中，你会发现所有的障碍将全然消失。将所有的心智和力量都集中在与他人的有效沟通上，这无疑是一项挑战。设想下那种属于自己的自信和闲适神态，想想那种吸引人们的注意力、震撼他人情感和打动听众的自豪感，你将发现自我表达的能力还可以帮助你培养其他方面的能力。成功演讲训练是一条康庄大道，它能够帮助你培养事业和生活所必备的希望和自信。

【卡耐基箴言】

- ◆ 希望是人生最宝贵的财富，也是所有勇气和力量的源泉。只要有了希望，哪怕面临的是最严酷的考验，我们也会有敢于挑战的勇气和力量。
- ◆ 如果生命中怀着希望，梦也会闪闪发光。只有希望之火不灭，才能奋斗不息，才能历经磨难，实现理想。

6. 要执著，心中始终坚定必胜信念

马克·吐温说："信念达到了顶点，能够产生惊人的效果。"人生必须有信念，信念是行动的先导。相信信念的力量，唤醒你体内酣睡的巨人。它比阿拉丁神灯的所有神怪都强大！而且，那些神怪都是虚构的，而潜藏在你心中的巨人却是真实的。

耶鲁大学的乔治·戴维森教授年轻时有一个梦想，他希望能够改变世界、服务全人类。为了达到这个理想，他需要接受最好的教育，而美国是他最理想的去处。当时的乔治身无分文，要到1万公里外的美国去，简直就是天方夜谭。不过，他还是出发了。

他徒步从他的家乡尼亚萨兰的村庄出发，穿过东非荒原到达开罗，在那儿他可以乘船抵达美国。他一心想的是到达那个可以帮助他改变自己命运的国家，其

他的一切他都可以置之度外。他一开始就遇到了极大的困难。在崎岖的非洲大陆上，他用了5天才艰难地跋涉了大约40公里。他的食物已经吃完，水也已经喝完，而且，他身无分文。他还需要继续前进几千英里。

回头吗？还是拿自己的生命赌一把？乔治知道，回头就是放弃，就是回到贫穷和无知。而他不想这样。他相信自己能够克服这些困难，到达自己的目的地。于是，他对自己说："继续前进，除非我死了。"他继续孤独地前行。他常常席地而睡，以野果和其他植物维持自己的生命。旅途使他变得瘦弱不堪。由于极度的疲惫和近乎绝望的灰心，几次他都想放弃。但是每当这时，他就自己给自己鼓气。终于，他战胜了自己的怯懦，充满信心地继续前进。

经过种种磨难和痛苦，1950年10月，乔治终于用两年的时间来到了美国，骄傲地跨进了斯卡济特峡谷学院的大门。凭着对目标的专注和近乎神圣的成功的信念，乔治战胜了常人难以战胜的困难。还有什么比这件事情更加难以办到的呢？

信念是一种强大的内在的精神寄托，是托起人生大厦的支柱。人生有了坚定的信念，就会像一根有磷的火柴，像一支有芯的蜡烛，像一艘有灯塔指引的航船，像一个有热能的生命，发热发光，蓬勃向上，勇往直前。

信念是世界观的反射，是人生观的映照。为了达到目标，你需要建立足够强大的自信和目标必将实现的信念，你必须对自己说话能力训练的努力成果保持轻松而乐观的态度。你应该想到，你努力的结果必然是，当需要在众人面前站起来说话时，你能够从容不迫地侃侃而谈、清晰明白地表达你的观点。你一定要把你的决心和信念烙在每个词句、每项行动上，并且竭力培养这种能力。

我再例举一个商界传奇人物的故事，故事的主人公叫做克克劳伦斯·B·蓝道尔，如今已经登上了企业的最高层。蓝道尔先生在大学里第一次站起来说话时，像很多人一样，因为不善言辞而失败了。当时，老师规定每个人有5分钟的说话时间，但是他却讲了不到一半就脸色发白，不得不十分困窘地走下讲台。虽然蓝道尔经历了失败的打击，但他却并不甘心，并下定决心要成为一个说话高手。通过坚持不懈地努力，他终于成为政府的经济顾问，受到了世人的仰慕。

蓝道尔写过许多富有启迪的书。在其中一本叫做《自由的信念》的书里，他提到了他当众说话的情形："我的演讲安排得十分紧凑，因为我要参加各种聚会，其中包括厂商协会、商务部、扶轮社、基金筹募会、校友会以及其他团体举办的聚会。我曾经在密歇根州的艾斯肯那巴发表爱国演讲，慷慨激昂地投身于第一次世界大战，我还和米基·龙尼下乡进行慈善演讲，与哈佛大学校长詹姆斯·布朗特·柯南、芝加哥大学校长罗伯·胡钦斯下乡进行教育宣传；我的法语很糟糕，但是我却用法语发表过一次餐后演讲。"

蓝道尔说："我认为我了解听众们想要听什么以及他们希望这些内容如何被讲出来。对于演讲的人来说，这里面的窍门就是：只要你愿意学，没有什么是学不会的。"

人生就是这样，只要信念在，希望就在。无论遇到多少阻碍，无论遭受多少艰辛，无论经历多少苦难，只要一个人的心中有一粒信念的种子，那么总有一天，他就能走出困境，让生命之树开花结果。这是从蓝道尔的故事中可以得到的经验和启示。

任何人，只要他希望迎接语言的挑战，希望自己能够简单明白地表达自己的观点并让别人了解自己的才华，就一定要具备坚毅的决心。世界上没有唾手可得的成功，所以只有经得住反复锤炼的人才有可能达到目的。因为他们持有一种永恒不变的信念，所以，他们才有惊人的耐心坚持到成功的到来。

【卡耐基箴言】

◆ 信念是人人都可以支取，并且是取之不尽、用之不竭的最大潜能。

◆ 相信信念的力量，唤醒你体内酣睡的巨人。它比阿拉丁神灯的所有神怪都强大！而且，那些神怪都是虚构的，而潜藏在你心中的巨人却是真实的。

· 第三章 ·

游刃有余的社交魅力口才

要想在竞争日益激烈的现代社会立于不败之地,必须培养自己的口才能力,只有这样才能打开人与人之间沟通的大门。巧言善辩的口才高手,在社交场合不仅能说得恰到好处,而且游刃有余,赢得掌声,成为受人欢迎的社交达人。

1. 凸显关注，牢记对方身份信息

名字代表一个人的尊严，每个人在潜意识里都很在乎自己的名字是否被记住。无论对哪一个人而言，他的名字都是语言中最甜美也最重要的声音。

人际往来常常是频繁而短暂的，若能在这短暂的见面中，记住对方的名字，对方就会有一种被重视的感觉，这一点对人际关系绝对有很大的积极作用。

安德鲁·卡内基是闻名全球的"钢铁时代"的巨人，他事业上的巨大成功是让人可望不可即的。尽管他被誉为"钢铁大王"，但他自己对钢铁的制造懂得很少，他有千万人为之工作，他们都是钢铁方面的精英。但是卡内基知道如何为人处世，这就是他发财致富的原因。

卡内基小时候，就表现出组织才华和领导的天才。当他十岁的时候，他就发现人们对自己的姓名看得惊人的重要。他利用这项发现，去赢得别人的合作。比如，他孩提时代在苏格兰的时候，有一次抓到一只兔子，那是一只母兔。他很快发现了一整窝的小兔子，但没有东西喂它们。可是他有一个很妙的想法，他对附近那些孩子们说，如果他们找到足够的苜蓿和蒲公英，喂饱那些兔子，他就以他们的名字来替那些兔子命名。

这个方法太神奇了，安德鲁·卡内基永远也忘不了。许多年后，他将同样的心理学应用在商业界，为自己赚取了无数财富。例如，他希望把钢铁轨道卖给宾夕法尼亚州铁路公司。当时艾格·汤姆森正担任该公司的董事长，因此，卡内基在匹兹堡建立了一座巨大的钢铁工厂，取名为"艾格·汤姆森钢铁工厂"。结果，当宾夕法尼亚铁路公司需要钢轨的时候，艾格·汤姆森首先就想到了安德鲁·卡内基。

安德鲁·卡内基这种记住及重视他朋友和商业人士名字的方式，是他领导才能的秘密之一，他以能够叫出他许多员工的名字为傲。他很得意地说，当他亲任主管的时候,他的钢铁厂未曾发生过罢工事件。

人们对自己的名字很骄傲,不惜以任何代价使他们的名字永垂不朽。然而多数人不记得别人的名字,只因为不肯花时间和精力去专心地、重复地、无声地把名字耕植在他们的心中,他们为自己造出借口:太忙了。其实,忙,并不是记不住名字的理由,而是在逃避现实。

吉姆·法莱出生在1899年的纽约。吉姆10岁那年,他的父亲在一次意外中去世,留下了妻子和三个孤儿,家徒四壁,没有任何遗产。为了帮助母亲,吉姆只好辍学到砖场打零工。

可是天性乐观的吉姆,虽然只是个童工,但经过了30年的努力,在他46岁那年,已有四个大学授予他名誉学位;他还成为美国民主党全国委员会主席,担任美国邮政总监。

一次,我去拜访吉姆,向他请教成功的秘诀。

"苦干!"吉姆简单有力地回答道。

我说:"别和我开玩笑了。"

"这样吧!那你觉得我为什么能成功?"吉姆反问我。

我回答道:"我知道你能叫出一万个人的名字。"

"不,不是这样,"吉姆笑着说,"我能叫出五万个人的名字。"

可别小看这件事,就凭着这项专长,吉姆辅助罗斯福顺利入主白宫。吉姆年轻时,在一家石膏企业担任外务员,就自创了一套记忆姓名的有效方法。这方法说来也很简单,无论何时何地,只要他遇到陌生人,一定要问清楚对方的姓名。所谓的姓名,并不只是几个英文单词,还包括职业、党派、宗教、家庭状况等相关资料,然后把这些资料输入他那不逊任何电脑的大脑里。而且为了防止忘记,他回家后甚至还会复习,就像学生做功课一样。

正是凭借这份勤奋与专注,吉姆记忆姓名的本领得以增强。即使多年后,当他再次遇见某人的时候,他也能准确地说出对方的姓名,以及对方的爱好和特长,等等。难怪有这么多人拥戴他!

第三章 游刃有余的社交魅力口才

在富兰克林·罗斯福开始竞选之初，吉姆每天要给西部及西北部各州的人写几百封信件。然后，他又用19天的时间，搭火车到过20个州，行程12000里。他每经过一个城镇，就与前来会见他的人聚餐，并且坦诚的交谈，然后再赶赴下一站。整个访问行程结束回东部后，他立刻给他途中经过的每个城镇中的一些人写信，请对方帮忙将与他谈话的客人的名单寄给他。然后，他整理好这些名单，并给名单上的每个人都写了一封私人信函。他在信中对对方大加赞扬，而且这些信都是用"亲爱的某某"来开头的，最后也都签上"吉姆"的名字。

吉姆·法莱早年就发现，一般人对自己名字的兴趣度绝对胜于世上其他的文字。如果能把对方的名字当面叫出，对他而言是一种尊重。相反的，如果把对方的名字忘了或记错，你会陷入难堪的境地。

德州商业股份有限银行的董事长班顿拉夫相信，公司愈大就愈冷酷。他认为唯一能使它温暖一点的办法，就是记住人的名字。他说，假如有个经理告诉他，无法记住别人名字，就等于在说，他无法记住一个很重要的工作，而且是在流沙上做着他的工作。

我们应该注意一个名字里所能包含的奇迹，并且要了解名字是完全属于与我们交往的这个人，没有人能够取代。名字能使人出众，它能使他在许多人中显得独立。记住对方的名字不但是一种交往的技巧，更是与人相处的礼貌。如此，沟通更易于进行，事情的成功功率也提高了。

【卡耐基箴言】

◆ 让人喜欢的最简单、最容易理解的方法，就是记住对方的名字，让对方有种被重视的感觉。

◆ 记住对方的名字，并把它叫出来，等于给对方一个很巧妙的赞美。相反，若是把他的名字忘了，或写错了，就会处于非常不利的地位。

2. 尊重他人，不从正面指出过错

人无完人，在这个世界上，没有人会不犯错误。你可能会忍不住纠正别人的错误，但有时你会发现你的"善意"并没有被对方所接受，甚至，换来的结果可能与你预想的结果截然相反。

究其原因，很大程度上决定于你采用的态度。我相信，直接指出对方的错误，实际上就是在批评对方。任何人都不喜欢被他人批评，即使他明白自己确实做错了，但是人们却往往做这样的蠢事。在我们身边经常会遇到一些比较烦心的事情困扰着我们，但是很多时候只要我们换种表达方式，也许就能轻易地达到我们的目的。

一天下午，查尔斯·施科伯经过他的一家钢铁厂，撞见几个雇员正在抽烟，而他们的头顶上正挂着"请勿吸烟"的牌子。那么施科伯是如何处理此事的呢？他是否会指着牌子说"你们难道不识字吗？"不！施科伯没有这么做。他只是走过去，递给每人一支烟，然后说道："老兄，如果你们到外边抽，我会很感谢你们。"员工当然知道自己破坏了规定，但他们感激施科伯先生，因为他不但没说什么，反而给了每个人一样小礼物。谁能不敬重这样的人呢？

约翰·华纳梅克就懂得批评的技巧，他的批评非常具有艺术性。有一回，约翰的秘书在处理一项文件的时候出现了一些错误，但约翰并没有责怪她，而且用了一种非常温和的方法处理了这件事。他告诉秘书，她处理的不算十分正确，此外，还有更好的处理方式。然后，又把正确的方式讲了一遍，秘书脸一下子就红了，但心里却如释重负，她自己也没有想到，约翰居然没有责怪她。这件事让那位秘书感触颇深！

批评是我们常用的一种手段，但我们有些人批评起来简直让他人无法自容，下不了台阶。然而，如果你能够让对方感觉到你是诚心来解决问题，纠正错误的，而不是仅仅来发泄你的不满，那你的形象一定会大大提升。

因此，批评必须要讲究表达的方式和分寸。特别是将你的反面意见和严厉批评裹上"甜言蜜语"，就既能给双方留有余地，避免陷入尴尬境地和人际冲突，也能化难为易，让对方心悦诚服地接受你的批评和意见。

1887年3月8日，美国伟大的牧师及演说家亨利·华德·毕奇尔去世了，日本人对他的评价是，他让整个世界都发生了改变。就在那个星期天，莱曼·阿伯特接受邀请，向那些陷入毕奇尔逝世的悲痛中的牧师们做演讲。他特别想做好这个演讲，因此不断地修改稿子，并像福楼拜那样谨慎地润色词句，然后读给他妻子听。

他的稿子写得并不是很适合演讲，但是，他的妻子听完后并没有批评他。她告诉阿伯特，如果这篇稿子登在《北美评论》杂志上，将是一篇很棒的文章。也就是说，她称赞了这篇稿子，但同时很巧妙地暗示，这篇稿子是不适合用来演说的。莱曼·阿伯特明白了她的意思，于是他扔掉了这篇华丽而不实用的稿子。他后来演说时甚至连笔记都没有用。

但是，如果他的妻子不懂得运用方法的话，她也许会说："莱曼，写得真是糟糕，这样不行。听起来就像一部百科全书似的，简直让人犯困。以你这么多年的传道经验，应该知道怎样更好才对。看在上帝的分上，你为什么不像一般人那样说话？你为什么不表现得更自然一些？如果你真的拿这个东西来演说，你只会成为笑柄。"这样说的后果，会大大伤害阿伯特的自尊心，甚至会影响到阿伯特的一生。

在生活和工作中，对一个人的批评是正确的，有时也是必要的，但要学会巧妙地批评，让他人既意识到自己的错误，并尽快改正，同时也要理解你善意批评的意图，使他内心里对你心存感激。

批评之所以为一门艺术，在于它并非只要满足某些既定的条件即可得到某种确定的结果，而更多地取决于一些微妙、甚至难以言传的感应和领悟，特别注重对于批评对象、时机、场合和方式的选择。所谓"运用之妙，存乎一心"，对批评艺术的巧妙运用可以得到事半功倍的成效。

1. 把赞美和批评做成"三明治"

当你必须对别人提出批评和忠告时，可以把它们放在中间：首先肯定对方的明显优势或良好表现，然后再具体指出他的不足和缺点，最后提出你的期望。因为你将批评夹在好评中，巧妙而委婉，就能让对方既心中有数又不至于颜面无光。

2. 提出的批评意见要有针对性

在提出意见和批评时，你必须就事论事，力求真实准确，不要泛泛而谈、不着边际，否则就无法让别人明白自己到底出了什么问题、应该怎样改正，甚至还会觉得你在小题大做、无事生非。

3. 批评后要抚慰对方的情绪

别人在听完你的批评后，可能会觉得难堪或生气，这时你必须及时添上几句诚恳的话，比如"虽然你目前有一些不足之处，但是你这么有决心、有毅力，肯定能克服困难，迎头赶上。我相信，以后你一定会取得很大的成就。"不要小看这些话，它会让别人听完你的批评后倍感舒心，对你产生良好的印象。

【卡耐基箴言】

◆ 轻易地责怪别人，只能令对方因感到厌烦，而疏远你。这样，也会使你自身的人格魅力受到损害。

◆ 直接指责别人，只会招来对方强硬的反抗；而巧妙地暗示，让对方自己注意到自己错误，则不会引起别人强烈的反感。

3. 站好队，始终从他人立场出发

人会有独特的想法或做法，总有其特别的理由。把这个理由找出来，便可以了解他为什么要这么做。甚至，这理由还可以帮你了解此人的性格。因此，要真诚地站在此人的立场看事情，以此人的观点看问题。

有一次，我向芝加哥某家饭店租用一个大舞厅，举办一系列的讲座，每一季用十个晚上。

在某一季开始的时候，我突然接到饭店方面的通知，要求将租金多加一倍。而得到这个通知的时候，入场券已经印好，发出去了，而且所有的通告都已经公布了。

得到这个消息，我很吃惊。很显然，无论谁遇到这样的情况都会感到为难的，去责问饭店经理吗？显然不会取得好的结果，因为饭店经理总会摆出让人足以无言以对的理由的。况且他们所关心的只是饭店的盈利问题，我办不办得成讲座恐怕不在他们考虑范畴。

于是，几天之后，我找到饭店经理，平静地对他说："对于提高租金一事，我一点都不怪你，如果我处于你的位置，我也会这么做的。作为一名管理人员，提升饭店的利润是责任所在。如果不这样做，将会丢掉现在的职位。"

然后，我取出一张信纸，在中间划一条线，一边写着"利"，另一边写着"弊"。我在"利"的一边写到：舞厅空下来以后，如果把它租给别的社团开会或集会用将是一个很大的好处，因为这类活动，要比租给人家办讲座得到更多的收入。接着，我又在"弊"的一边写到：如果舞厅被占用十个晚上来讲课，对饭店当然是一笔不小的损失。但是，这些课程吸引了不少高校里的教师、学生，还有一些企业管理者到饭店来。这对饭店是一个很好的宣传。因为即使花费五千美元在报上登广告，也无法像这些课程能吸引这么多的人来这家饭店。这对一家饭店来讲，十分具有价值。有些时候，财富是潜在的。我很遗憾，你们和我都要失去一个大好的机会了。

最后，我将纸片交给了那位经理并对他说："先生，希望你能好好考虑一下。我静候回音。"

第二天，我收到饭店方面寄来的信件，信中说把原定的200%的租金减到105%。

吉拉德·奈伦保在其著作《与人交往》一书中评论道:"在你同别人谈话的时候,假如能表现出十分重视对方的想法和感受,便可赢得对方的合作。所以,你应该先表明自己的目的或方向,然后倾听对方发言,再由对方的意见决定该如何应答。总之,要敞开心灵接受对方的观点,如此,对方也相对的会比较愿意接受你的看法。"

在任何时候,人最关心的是他们自己。当你在与人相处时,如果在自己利益的基础上多多地从对方的角度着想,为别人打算,那么,你就很容易与人沟通了。你替别人着想,别人就会自然地照顾你的需求了。

每个人都关心自己感兴趣的事,沟通的首要前提就是要了解对方的兴趣。找到了对方感兴趣的东西,就如同将沟通的桥梁的另一端找到搁放的地方,你就可以顺利地从桥的这头走到那头,等待你的正是对方敞开的心扉,在那里可以与他用心交谈,随心所欲地取到你想要的东西。

住在纽约的山姆·道格拉斯夫妇,四前年刚迁入新居的时候,道格拉斯太太花了太多时间整理草地——拔草、施肥、每星期割两次草,但是,整片草地看起来也只不过和他们搬进去的时候差不多。于是,道格拉斯先生便常劝太太不用那么费力气,道格拉斯太太为此颇感沮丧。而每次道格拉斯先生这么说的时候,当晚家中的宁静气氛便被破坏了。

道格拉斯先生参加了我的训练班课程之后,深觉多年来的做法不对。他从没想过,或许他的太太本就喜欢园艺工作。她需要的是赞赏而不是指责。

随后的一天傍晚,用过晚餐之后,道格拉斯太太又准备到庭院除草,并且问道格拉斯先生愿不愿意陪她一道去。道格拉斯先生本不太感兴趣,但一想到那是太太的嗜好,最好是不要拒绝,便急忙答应愿意帮忙。道格拉斯太太十分高兴,那天傍晚,他们除了用心除草之外,还谈得十分愉快。

自此以后,道格拉斯先生便常常帮太太整理庭院,也常常称赞太太把庭院整理得多么好。结果:他们的家庭生活大为改进。由于道格拉斯先生能从太太的立场考虑问题,事情便获得了圆满解决。

有些时候，我们很难用一个简单的对与错来衡量某一事情，如果我们考虑问题的角度不一样，其结果当然不一。因此，当我们面对某一问题时，如果仅仅从自己的角度去考虑，而不顾他人，往往就会失之偏颇，甚至做错事情，伤害他人。凡事设身处地，换一个角度想想，原本疑惑不解的问题可能就变得豁然开朗了。

当你寻求他人的支持、合作与帮助时，要从对方的立场想一想。站在对方的立场，你就能够理解他人的思考方式，文化及价值观，并且采取一种宽容的态度去认可和鉴别。这样，你便掌握了一个高明的人际关系原则，也就等于掌握了一个重要的成功诀窍。正如罗洛克所说："一个能从别人的观点来看事情、能了解别人的心灵活动的人，永远不必为自己的前途担心。"

【卡耐基箴言】

◆ 如果你想改变人们的看法，而不伤害感情或引起憎恨，那么就请试着诚实地从他人的观点来看事情。

◆ 如果说人生有什么成功秘诀的话，那就是了解别人的立场。除了站在自己的立场考虑，同时也能从别人的角度来考虑事情。

4. 用热情洋溢的话真诚赞美对方

在《孩子，我并不完美，我只是真实的我》这本书里，著名的心理学家杰丝·雷尔评论说："称赞对温暖人类的灵魂而言，就像阳光一样，没有它，我们就无法成长开花。"回顾我们的生命，我们一定能够找出改变了我们前途的嘉许之言。历史全是由这些夸赞的真正魅力，来做令人心动的注脚。即使是最小的进步，也让我们来赞美吧！这样会激励人们不断地进步。

回顾我的从前，我能够清晰地记起是谁用赞扬的话语极大地鼓起了我生活的风帆，奠定我后来取得成就的基础，就是他那么几句赞扬的话，影响了我的一生。你们回想一下你们的经历，你能想起是否有人对你有这么大的影响。

在少年时我十分希望我能够当一名作家，写尽人间百态。于是我开始朝这个方向努力。在 1914 年和 1916 年，我分别进了哥伦比亚大学和纽约州立大学学习写作课程，那对我来说是一个全新的世界。

我大量地阅读各种书籍，历史的、政治的、经济的，当然更多是文学类的书，而且如饥似渴地学习。因为我知道，只有丰富地积累知识才可能使我走向作家之路。我勤奋刻苦地学习，以致我的身体都要支撑不住了。但令我沮丧的到不是我的身体，而是我的成绩。每次的成绩下来，我都十分失望，它离我设想的目标是多么遥远。我意识到可能我根本没有写作的天赋。我灰心了，整天垂头丧气、只盼挨到毕业。

没想到这种情况在毕业时改变了。毕业的那天，我的老师盯着我的眼睛，我心里害怕极了，我学得不算糟糕，但足以让我在老师面前抬不起头。但老师只轻轻地对我说了一句："戴尔，我发现你是个天才的作家。"顿时，我灰暗的心情一下子开朗起来，我欣喜万分，我的价值终于有人发现了。

于是在以后的生活中，我牢记我的老师的这句话，向着这个目标奋斗下去，终于小有成就，可以这么说，完全是我的老师重新点燃了我的希望之光。我感谢我的老师，我把他对我的爱倾注在我的学生身上，我常常鼓励他们上进。没有努力时，你可能觉得自己一无是处，但在别人的赞扬下，你会感到力量无穷，怎么也要拼一下。人的潜力是无穷的，主要看你怎样去开发它。

美国最杰出的心理学家威廉·詹姆斯说："和我们内在的潜能比起来，我们就像是一半清醒的样子。我们仅仅发挥了身体内在潜能很小的一部分。人远远没有发挥到他的极限，人的自身拥有各种能力，但大部分都没有开发运用。"而赞扬和鼓励，是让人们开发运用自身潜能的最好的办法。

爱美之心，人皆有之。每个人都渴望得到他人的赞美和欣赏，只有被肯定，才能体现自己的意义和价值。赞美一定要发自内心，只有发自内心的真诚赞美，才能够给人以鼓励和支持。尤其是对于缺乏自信的人来说，一句肯定的话，仿佛"久旱逢甘霖"一样，会令人勇气倍增。要知道给人精神上的鼓励，比给他物质上的支持重要得多，尤其在一个人失意之时。因此，不要吝啬你的赞美、鼓励，因为这些都是燃起他人希望之火的良方。而你，也由此得到了感激和敬重，这就是最好的回报。

查尔斯·施瓦布是全美少数年收入超过百万的商人。1921年，"钢铁大王"安德鲁·卡内基慧眼独具，擢用施瓦布为新成立的"美国钢铁公司"第一任总裁，当时的施瓦布才38岁。

为什么安德鲁·卡内基每年要花100万美元聘请施瓦布先生呢？这几乎等于每天支付3000多美元。难道施瓦布先生是个了不起的天才？还是施瓦布先生对钢铁生产比别人懂得多？都不是。施瓦布先生亲自告诉我，其实为他工作的许多人，他们对钢铁制造都懂得比他多。

施瓦布说他之所以获得高薪，主要是因为能够处理人事、管理人事。我问他如何做到这点，他告诉我下面这段谈话——这段谈话应该铭刻到铜板上，悬挂在每个家庭、学校、商店和办公室里。只要我们还活着，这段谈话无疑就会改变你我的生活面貌：

"我想我天生具有引发人们热忱的能力，促使人将自身能力发挥至极限的最好办法就是赞赏和鼓励。来自长辈或上司的批评最容易打击一个人的志气。我从不批评他人，我相信奖励是使人工作的原动力。所以我喜欢赞美而讨厌吹毛求疵。如果说我喜欢什么，那就是：真诚、慷慨地赞美他人。"

由衷的赞美别人实质上是对别人的尊重和评价，也是送给别人最好的礼物和报酬，是搞好人际关系的一笔也许暂时看不到利润的长期投资。它表达的是我们的一片善心和好意，传递的是信任和情感，化解的是有意无意间与人形成的隔阂和摩擦。对人恰当地赞美益处多多，何乐而不为呢？

赞美不是恭维，只要你真诚地赞美，就会带给他人自信和乐观。"予人玫瑰，手有余香"，在人际交往中，如果你懂得赞美，善于赞美，那么你必定会成为一个到处受欢迎、有吸引力的人。

【卡耐基箴言】

- ◆ 赞扬和鼓励都是一种暗示。一些赞扬的暗示性语言或行动，能使人在低落与彷徨的时候重新获得勇气。
- ◆ 正如我们每个人都爱自己的面子一样，我们也都喜欢得到他人的赞许。因此，日常生活中，我们要学会称赞他人，这是为自己赢得良好人缘的通路。

5. 勇于担当，认错也能以退为进

在现实生活中，每个人都会犯错，这个道理大家都知道。当别人犯了错误时，我们总是希望他们能够承认并且加以改正。可是一旦发生在自己身上，很多人就不愿意承认自己犯了错误。这就造成了人与人之间的交往障碍，因为每个人都坚持自己是对的，而观点有时确实是对立的，于是留下了埋怨、不满和争执，甚至影响人际交往。他们不知道，有时候，勇于承认自己的错误而放弃自己的观点，反而会取得更大的成功。

我家住地差不多是在纽约的中心地带。但是离我家没多远的地方有一大片原始树林。春天，那林子里丛丛黑莓开着白花，松鼠在那儿筑巢安窝，繁衍后代。马草长得和马匹一般高。这片未经破坏的树林地带叫"森林公园"。我常常带着我的那条波士顿的小哈巴狗雷克斯到那儿去散步。这是一条对人相当友好，从不咬人的小狗。由于我们在林中几乎碰不到什么人，所以我不给雷克斯上口套，也不给它系链子。

有一天，我们在这森林公园里遇到了一位骑马的警察，这警察很想显示他的

第三章 游刃有余的社交魅力口才

权威。

"你没有给这条狗系链子和带口套就让它在公园里到处乱跑,这是什么意思?"他开口责备我说,"难道你不晓得这是违法的吗?"

"不,我知道的,"我和和气气地答道,"但我想它不至于在这儿做出什么坏事来。"

"你想它不会!你只是想象它不会做坏事!可法律是不管你怎么想的。这狗可能会咬死松鼠,咬伤小孩的。好吧,这一回我放过你。但如果让我再看到这狗不系链子不带口套,那你可得自己去对法官说清楚。"

我唯唯诺诺地保证照办不误。

后来几次散步我确实都照办了。可雷克斯不喜欢带口套,我也不喜欢给它带。于是我们决定碰碰运气。开头一阵子一切很顺利,可过不了多久就遇到了意外的麻烦。一天下午,我带着雷克斯正在翻越一座山顶,突然我心里猛地一下懊丧不已,我看到了那位执法的警察正骑在一匹栗色的马上。雷克斯正冲在前面向他迎面跑去。

我心里很明白,这真是骑虎难下,只能进不能退了。因此我毫不犹豫地朝前继续跑去,直到那警察叫住我。我来了个先发制人,说道:"警官先生,这下你当场逮住我了。我有罪,我没有借口,没有托辞了。你上星期警告过我,若是再带小狗出来而不替它戴口罩,你就要罚我。"

那警察语气平和地说:"哦,我知道在周围没有人的时候让这样一条小狗在这儿奔跑是一件很逗人的事。"

"是啊,的确是逗人,"我回答说,"但这毕竟是违法的。"

"啊!这样一条小狗是不会害人的。"他劝告我说。

"不,它可能会咬死松鼠。"我说。

"哦,你大概把事情看得太严重了。"警察说,"这样吧,你就让它跑到山那头去,这样我就看不到啦。然后,我们就都忘了这回事。"

和平常人一样,那位警察也希望得到一种自重感,所以当我开始责怪自己时，唯一能增加他的自尊的方法，就是对我表现得宽宏大量。我没有和他正面争论，我承认他是绝对正确的，我是绝对错误的，我爽快地、坦白地、真诚地承认这点。我站在他的立场说话，于是他也反过来为我说话。这件事就这样在平和的气氛下结束了。

如果我们知道免不了会遭受责备，何不抢先一步，积极主动地承认自己的错误呢？难道自己责备自己，不比别人的斥责更容易被接受吗？假如你知道别人正想指责你的错误，你就应该在他有机会说出来之前，先发制人，占据主动而阻止他说出来。这样一来，他就很有可能会采取宽容谅解的态度，宽恕你的错误。

新墨西哥州阿布库克市的布鲁士·哈威，错误地核准付给一位请病假的员工全薪。在他发现这项错误之后，就告诉这位员工并且解释说必须纠正这项错误，他要在下次薪水支票中减去多付的薪水金额。这位员工说这样做会给他带来严重的财务问题，因此请求分期扣回多领的薪水。但这样哈威必须先获得他上级的核准。"我知道这样做，"哈威说，"一定会使老板大为不满。在我考虑如何以更好的方式来处理这种状况的时候，我了解到这一切的混乱都是我的错误，我必须在老板面前承认。"

于是，哈威找到老板，说了详情并承认了错误。老板听后大发脾气，先是指责人事部门和会计部门的疏忽，后又责怪办公室的另外两个同事，这期间，哈威一再解释说这是他的错误，不干别人的事。最后老板看着他说："好吧，这是你的错误。现在把这个问题解决吧。"这项错误改正了，没有给任何人带来麻烦。自那以后，老板就更加看重哈威了。

勇于承认错误，为哈威带来了老板的信任。其实，一个人有勇气承认自己的错误，也可以获得某种程度的满足感。这不只可以清除罪恶感和自我卫护的气氛，而且有助于解决这项错误所制造的问题。

可见，当一个人承认错误之后，不但没有遇到想象中的麻烦，反而获得了某种程度上的放松感。

勇于承认自己的错误是一种大智慧和大勇敢。只有傻瓜才为自己的错误辩护——大多数傻瓜都是这么做的——可是，勇于认错只会在别人的心目中提高自己的地位，让人感到高尚和愉悦。

【卡耐基箴言】
◆ 敢于承认错误，努力纠正，你得到的将不会是麻烦，而是他人的谅解。
◆ 如果你是对的，就要试着温和地、技巧地让对方同意你；而如果你错了，就要迅速而热诚地承认。

6. 建议比命令更容易被接受

很多人在与人交往的时候，常常喜欢要求别人接受自己的观点，处处显示出比其他人优越。这样做，在无形中就得罪了人。要想在不激怒对方的情况下改变对方的想法，千万别忘记：不要下达命令，以缓和的态度来征求对方的意见。这是一个重要的为人处世之道。

奥克拉荷马州恩尼德市的佳顿，是一家工程公司的安全协调员。他的职责之一是监督在工地工作的员工戴上安全帽。

以前，佳顿每次碰到未戴安全帽的人，就会官腔官调、颐指气使地告诉他们，要他们严格遵守公司的规章制度，必须戴好安全帽。员工们虽然接受了他的纠正，却满肚子不高兴，常常在他离开以后，又把安全帽摘下来。

后来，佳顿决定采取另一种方式。当他再次发现有人未戴安全帽的时候，他就问他们是不是安全帽戴起来不舒服，或者有什么不适合的地方。然后他用令人愉快的声调提醒他们，戴安全帽的目的在于保护他们不受到伤害，建议他们工作的时候一定要戴安全帽。结果，遵守规定戴安全帽的人愈来愈多，而且没有造成愤恨或情绪上的不满。

对别人发号施令，往往就是对别人的小觑，这样会影响双方沟通的平等性。没有平等，交流可以进行下去吗？答案绝对是否定的。即使你有绝对的权威，也千万不要命令别人！如果你给予他自身想要的激励，远比只给他"必须如何做"的命令，更可以让他改变自己的行为。

在南非的约翰内斯堡有一家小工厂，有一次，经理迈克收到了一张非常大的订单。虽然他觉得按照往常的生产能力，不可能在规定日期内完成这个订单，但他还是接受了。

他并没有催工人们为了这张订单赶紧干活，只是把大家叫到一起，开了一个小会。他告诉他们实际情况，并说明了完成这个订单对工厂和工人们的意义。然后，提出了一些问题：我们需要用什么样的办法来完成这张订单？有谁可以提出其他的办法？我们的工作时间和工作程序怎样分配才能更趋于合理？……

工人们都觉得这是自己的事情，接受这个订单并予以肯定，还提出了许多建议。最终，他们如期完成了订单。

迈克就很巧妙地利用了工人们的心理。每个人都愿意做自己的事情，迈克"请教"工人们，他们"自己的事情"应该怎样做，实际上，便不露痕迹地下达了命令。

没有人愿意接受命令。没有人喜欢觉得他是被强迫命令购买物品或遵照命令行事。所以，要让人接受某种想法，即使这种想法千真万确是属于你，你也要让别人觉得这个想法是他自己的。

我曾与美国最著名的传记作家伊达·塔贝尔小姐谈论有关如何与人相处的问题。塔贝尔小姐告诉我说，当她要写欧文的传记之前，曾去访问了与欧文先生共事三年的同事。这人说，在那三年时间里，他从未听见过扬·欧文向任何人下过一次直接的命令。他总是建议，而不是命令。例如，扬·欧文从来不说"做这个或做那个"或是"不要做这个，不要做那个"。他总是说"你可以考虑这个"或"你认为这样做可以吗"。他在口授一封信之后，经常说，"你认为这封信如何"。在检查某位助手所写的信时，他总是建议，"也许把这句话改成这样，会比较好一点。"他总是给人自己动手的机会，他也从不告诉他的助手应该怎样事，他让他们自己去做，让他们从自己的错误中学习成功的经验。

如果你想树立敌人，只要处处压制他就行了。但是，如果你想拥有更多的朋友，你必须让他显得比你优秀。用请求的方式跟别人说话会比用命令的口吻更容易让他与你合作。如我们说"你可以把这个再完善一下吗？"会比说"看在上帝的分上，把它做完。这次绝对不要做错！"更容易让对方接受。

不要用命令的语气跟别人说话，当你想要对方遵照你的想法去做时，多用"建议"，而不用"命令"。这样，不但能维护别人的自尊，给人一种自重感，而且能使他积极主动地与你合作。即便你指出了他的过错与不足，他也会乐于接受并改正。

总之，要让一个人按照你的愿望去做，必须将下列要点记在心中：

1. 诚实。不做无法遵守的约定。要学会忘却自己的利益，专门考虑对方的利益。
2. 帮助对方，期待对方。
3. 替对方设想，知道对方真正想要什么。
4. 估计对方在接受了你的建议之后会有什么利益。
5. 给予对方所想要的利益。
6. 当你提出要求的时候，要让对方感觉到他会因此而获益。

【卡耐基箴言】

◆ 用请教或建议的方法去让别人完成一件事，会比用命令收到的效果更好。

◆ 用"提建议"而不用"下命令"，不但能维持对方的自尊，而且能使对方乐意改正错误，并与你合作。

· 第四章 ·

百战不殆的辩论魅力口才

辩论，是持不同见解的双方彼此之间为确立自己的见解所进行的论证与反驳的说理过程。在激烈的辩论过程中，谁都想出奇制胜，都在制造"杀手锏"，随时随地都想克敌制胜，把对方置于"死地"。所谓"一人之辩重于九鼎之宝"，口才决定着辩论的成败。

1. 随机应变，风趣对答

审时度势，以变制变，在人生竞技场上的角逐中是一条普遍的原则。

社会是一个绝对的开放式的大系统，在这个大系统中可以说是险象环生，瞬息万变。人必须懂得，不存在普遍适用的人生策略，要使自己在多变的社会中立于不败之地，就必须掌握不断变化的动态，了解不同对手的不同特点，注意其策略招数，不断采取正确的对策，变于人先。

1492年10月，哥伦布发现了新大陆。翌年初，哥伦布回到了西班牙，举国欢呼、祝贺。但是有些大臣、贵族、学者对他的新发现很嫉妒，对他受到的待遇十分眼红。这一天，国王为哥伦布举行盛大宴会。宴会上，有几个人当面嘲笑哥伦布的新发现。他们故作惊讶地说："你在海那边发现了新大陆？那又有什么呢？任何人都能够横渡大西洋，任何人都能够在海里找到那个岛，不过是让你正巧碰上了。其实这是世界上再简单不过的事了，任何人都能做到。"

哥伦布沉默着，等那些人讽刺挖苦得十分得意的时候，哥伦布顺手从宴席上拿起一个鸡蛋，举到面前说："谁能够让这个鸡蛋尖朝下竖立起来？"

他们这个伸手试试，那个伸手动动，没有一个人能够让圆溜溜的鸡蛋在光滑的桌面上竖立起来，他们一致的结论是：这是完全不可能办到的事情。这时，哥伦布拿起那个鸡蛋，把尖部朝下，轻轻一戳，蛋壳打破了一丁点儿，稳稳当当地竖立起来了。在场的人都惊呆了。不过很快有人发出了"嘘嘘"声，说："鸡蛋打破了，这不算数！"

哥伦布说："尊敬的先生们，我并没有讲不许打破鸡蛋把它竖立起来。这是轻而易举的事，是任何人都能做到的，然而你们却说是不可能做到的。当别人做出来了，你们又会说这是多么简单的事啊！任何人都能做到啊！先生们，冷嘲热讽掩盖不了自己的愚蠢和无能！"

哥伦布面对贵族大臣们讽刺挖苦的汹汹气势，随手拿起一个鸡蛋，灵巧运用，当即驳得那些自作聪明的家伙瞠目结舌，哑口无言。

随机应变反映了辩论者思维的灵活性。人在思维的过程中，总习惯于按原有的思路进行思维，这就是心理学上所谓的思维定势。这种思维定势是由先前的心理活动所造成的一种心理准备状态，当人们接触了一个新的事物时，总是要将它纳入思维原有的轨道中，使人们比较固定地去认知、反应。当然，如果遇到一般问题、熟悉的问题时，这种思维定势能够促使问题得到快速地顺利解决，但是，如果遇到一些意外事件时，原有的思维轨道没有"模式"不能接纳，就会使人束手无策。所以，一个出色的辩论者要在藏机露锋、诡谲多变的辩论世界中自由驰骋，就必须具备随机应变能力。

苏联诗人马雅可夫斯基对形形色色的听众演讲，幽默的话语不时引起台下阵阵笑声和掌声。某次演讲结束时，有个瘦高个子挤到台前，伸着脖子喊道："您讲的笑话我不懂！"

"您莫非是长颈鹿！"诗人感叹道，"只有长颈鹿在星期一浸湿了脚，到周末才能感觉到呢！"

"我应该提醒你！"瘦高个子吼道，"从伟大到可笑，只有一步之差。"

"不错，"诗人边说边用手指着自己和那个人，"从伟大到可笑，正是一步之差。"

"你的诗骇人听闻，不能使人沸腾，不能使人燃烧，不能感染人。"瘦高个子说。

"我的诗不是开水，不是火炉，更不是鼠疫。"诗人笑着答。

"您自己说应当把沾满尘土的传统和习性从自己身上洗掉，那么您既然需要洗脸，这就是说您也是肮脏的了。"瘦高个子得意地挖苦道。

"那么，您不洗脸，就以为自己是干净的吗？"诗人反唇相讥。

瘦高个子辩驳不过马雅可夫斯基，气急败坏地说："您这样写诗是短命的，明天就会完蛋，您本人也会被人忘却，您不会成为不朽的人。"

诗人接着那人的话柄顺势说："那好，请您过一千年后，到那时我们再来谈吧，如果您还没有腐朽的话！"

马雅可夫斯基面对心怀叵测的挑衅者，镇定自若而又反应迅速，妙语连珠而又语惊四座，锋芒锐利而又含蓄不露，集中体现了随机应变的特点。

萧伯纳说："明智的人使自己适应世界，而不明智的人只会坚持要世界适应自己。"

随机应变是天地间最大的智慧，是才能中的才能，智慧中的智慧。只要掌握了随机应变的艺术，学会应变、善于应变、精于应变，就能够随着时势、事态的变化而从容应变，在变化中寻找到机会，在变化中获取胜利。所以，懂得随机应变的人只有一个归宿，那就是成功。

【卡耐基箴言】

◆ 面对困局的时候，我们要善于随机应变，根据内外形势的变化设计有针对性的措施，从而在变中求胜。

◆ 一个雄辩的人要在藏机露锋、诡谲多变的论辩天地中自由驰骋，就必须具备娴熟的随机应变能力。

2. 尊重别人，不当面指正他人的错误

类比法是根据两个或两类对象之间在某些方面的相似或相同，从而推出它们在其他方面也可能相似或相同的一种逻辑思维方法。通过对两个或两类不同的对象进行比较，找出它们的相似点或相同点，然后以此为根据，把其中某一对象的有关知识推移到另一对象中去，这一过程就是运用类比方法进行推理的过程，即类比推理。

由于类比法的特点是以这种现象比那种现象，以此道理比彼道理，以已知的比未知的，从而由现象的一致，达到结论的一致。因此，它常被用于辩论之中。

采取类比法辩论的基础是先导人以浅显的、能为对方接受的事例，然后顺水推舟，导入尚未被对方所认识或接受的事理。

美国独立初期，有一条法律规定，要有 30 美元才能当上议员。这实际上是将当时还相当穷的黑人排除在外。显然这条法规是不公正的，但在表面上又不显得荒谬。

美国当时的进步政治家、科学家富兰克林反对把有钱作为竞选议员的条件。他运用类比法进行驳斥，从看似并不荒谬的神圣庄严的法律中引申出荒谬绝伦的东西来。他说："要想当上议员，就该拥有 30 美元。那是不是可以这样说——我有一头驴子，它值 30 美元，那么我就可以被选为议员了。一年之后，我的驴子死了，那我的议员就不能当下去了。请问究竟谁是议员呢？是我还是驴子？"

这条法律看似不荒谬竟成为了荒谬，是由于富兰克林加入了两个假定。第一，30 美元等于一头驴子。本来 30 美元也可以等于一只天鹅，但天鹅不是愚蠢的象征，因此不能取得和驴一样的效果。富兰克林的杰出之处，就在于通过 30 美元把一头驴子与神圣庄严的法律凑在一起。这种联系虽然是堂而皇之的，却是法律制定者无法接受的。但他们又无法拒绝，因为这里采用了等价交换的形式。第二，他又很自然地让驴子死去，也就是借助偶然的事故，让驴子和人分离，在这一合一分之间，就把 30 美元和驴子的关系转化为驴子和议员的关系了。

富兰克林所运用的类比法，其讽刺力是极强的，也具有浓郁的幽默感。经过他的类比，似乎在美国有时是驴子在当议员，这岂不荒谬？

在说辩中，很多人都能够自然地运用这种类比推理的方式，将对方论点的条件部分，给予推衍、扩展、引申，找出一个比较特殊的条件，使这条件与对方的结论相悖，从而驳倒对方的观点。

运用类比辩论，关键在于能够洞察论敌错误命题中隐蔽的荒谬点，扩大其范围，加深其程度，强调其性质，使其荒唐之处暴露无遗，随着扩大显微的深入，其反驳力量也会逐步加强。

加拿大前外交官切断特·郎宁，1393 年出生于非洲喀麦隆。郎宁的父母是美籍传教士。郎宁出生时，吃的是非洲奶妈的乳汁，当他 30 岁竞选省议员时，以莱特为首的一帮反对派掀起了一场诽谤他的运动。

在论辩的时候,莱特说:"你怎么能竞选省议员,你曾经喝过非洲妈妈的奶,身上一定有非洲血统。"

郎宁冷笑道:"按照你的逻辑,喝什么奶就形成什么血统。请问先生,你不是天天喝加拿大的牛奶吗?那么,在你的身上一定有加拿大牛的血统喽?你小时候还喝过加拿大人的奶,那么,在你的身上,岂不是既有加拿大人的血统,又有加拿大牛的血统?如此说来,你岂不成了'人牛血统的混血儿'了吗?"

如此痛快淋漓的反驳,令莱特等反对派既无招架之功,又无还手之力,惨败在郎宁的话锋之下。

上述例证,都有这样一个明显的特征,即为了辩驳他人的谬误,并不一定要正面驳斥,而是先假定对方的命题是正确的,然后以对方的命题为前提加以演绎,导引到一个显而易见的荒唐的结论上去,并将之推向极端,得出明显荒谬的结论。

从某种意义上说,论辩的过程也就是证明自己的观点的过程,同时也是反驳对方谬误的过程。"以彼之道,还施彼身"。类比辩论是反驳对方谬误的最有力的武器,它既是一面显微镜,又如一面放大镜,能都鲜明突出地揭露出论题的虚假、荒谬,达到令对方论点不攻自破的目的。

【卡耐基箴言】

- ◆ 辩驳他人的谬误,并不一定要正面驳斥,可以先假定对方的命题是正确的,然后以对方的命题为前提加以演绎,导引到一个显而易见的荒唐的结论上去,并将之推向极端,得出明显荒谬的结论,从而达到令对方论点不攻自破的目的。

- ◆ 运用类比辩论,关键在于能够洞察论敌错误命题中隐蔽的荒谬点,扩大其范围,加深其程度,强调其性质,使其荒唐之处暴露无遗,随着扩大显微的深入,其反驳力量也会逐步加强。

3. 心理引导，始终让对方做出肯定回答

当我们考虑某事物有几种可能性，并且每一种可能性都会导致某种后果时，常常表现为一个假言选言推理。如果有两种可能性，而这两种可能性都引申出某对象难于接受的结论，也就是说，这两种结果都涉及到某对象的心理因素或它与其他对象的利害关系时，我们便把这种假言选言推理形象地称为二难推理。

二难推理是在论辩时经常用到的一种推理。它的特点是：一方说出具有两种可能的大前提，使对方不论肯定还是否定其中的哪一种可能，结果都会陷入进退维谷、骑虎难下的境地，难以两全的尴尬难堪境遇是很难摆脱的。

古希腊有个国王，想把一批囚徒处死。当时流行的处死方法有两种：一种是砍头，一种是绞刑。怎样处死这批囚徒？他决定让囚徒自己去挑选一种。挑选的方法是这样的：囚徒可以任意说出一句话来，而且这句话是可以马上验证其真假的。如果囚徒说的是真话，就处绞刑；如果说的是假话，就砍头。结果，许多囚徒不是因为说了真话而被绞死，就是因为说了假话而被砍头。

在这批囚徒中，有一人是极其聪明的。当轮到他来选择处死方法时，他对国王说："我将被砍头。"

这句话使得国王左右为难，如果真的把他砍头，那么他说的就是真话，而说真话就应该被绞死的；但如果把他处以绞刑，那么他说的话便成了假话了，而假话又是应该被砍头的。或者绞死，或者砍头，都没有办法执行国王原来的决定，结果只得把他放了。

从推理形式看，这个囚徒是在国王面前构造了一个"简单构成式"两难推理：

如果把他砍头，那么，会违背国王原来的决定；

如果把他绞死，那么，也会违背国王原来的决定；

或者把他砍头，或者把他绞死，总之，要违背国王原来的决定。

在论战过程中，一方往往提出具有两种以上可供选择的命题，迫使对方在其中加以选择。但事实上，这些可供选择的命题，无论选择哪一种，所推出的结果均为对方所难以接受。这种方法表面上给人家选择的机会，而暗中却早已设下了圈套，使其无论作出何种选择都难以跳出预设的陷阱。

古时候，有一位国王颇有些辩才，自以为天下谁也说不过他。为了显示他的口才，他摆下了擂台，向全国宣布："如果有人能说出一件十分荒唐的事，使我说出这件事是谎话，那我就把我的一半江山分给他。"

人们闻讯，纷纷来到王宫，说了各种弥天大谎，结果都被国王一一驳回。

后来，来了一位官员，他对国王说："国王陛下，我有一把宝剑，只要向天空一指，天上的小星星就会纷纷落下来。"国王听了之后说："这并没有什么奇怪的，我祖父有个烟斗，一头叼在嘴里，另一头能在太阳上点火。"

这位官员听了后只好无奈地走了。

后来，又来了一位地主，他对国王说："国王陛下，请原谅我，我本来想早点来的，但是昨天下了暴雨，闪电把天给撕破了，我只好请一位裁缝去把天给缝上了。"国王说："你做得很对，只是那裁缝的手艺不是很好，并没有把天缝好，今天早上又下了点小雨。"

那位地主也垂头丧气地走了。

有一天，一个农夫拿着一个斗，来到国王跟前。国王奇怪地问道："你拿斗来干什么？"农夫说："国王陛下，您欠我一斗金子，我是来拿金子的。"国王吃惊地说："一斗金子？我什么时候欠的？撒谎！"农夫不慌不忙地说："既然是谎话，那就给我一半江山吧！"国王急忙改口说："不！不！这不是谎话。"农夫笑着说："那就给我一斗金子吧！""这……这……不，不，这是真话，哎，不，这是假话，哎……"国王一时间满嘴支吾，不知所措。

自认为巧舌如簧的国王，这时却张目结舌，陷入了两难的境地。

二难推理是极有力量的辩论武器，它能较为明显地表现出辩论者进攻的锋芒和力量，善用的人可以使对方逃不出他的结论而陷入两难境地。二难推理的关键是要让论敌不管作何种选择都使他为难,若有某些选择并不能使他为难,论敌就会乘虚逃脱。只有各路设卡,才能使对手无法逃遁,束手就擒。

在进行二难推理时,为了保证推理的正确性,必须遵守这样两条规则:1.作为假言前提的前件与后件之间要有真实的充分条件关系;2.选言前提的选言肢必须穷尽。否则,就是一个错误的而难推理。但是,要满足这两点,严格来说,仅具有逻辑知识是不够的,因为这两条规则的实质,都是保证作为前提的假言判断和选言判断的真实性的,而判断的真实性问题,是需要具体科学知识而不是逻辑所能解决的。

【卡耐基箴言】

◆ 二难推理是极有力量的论辩武器,它能较为明显地表现出辩论者进攻的锋芒和力量,善用的人可以使对方逃不出他的结论而陷入两难境地。

◆ 在运用二难推理的过程中要遵守充分条件假言推理的有关规则,不要违反规则,被对方抓住把柄,使论辩失误。

4. 寻找话题,旁征博引藏玄机

论辩中,论辩者借引名言、典故、哲人睿语,作为自己的佐证增加可信度,求得直接证实对方所述事实之虚妄、理由之荒谬,或直接证实己方认识之正确、论据之确凿的说辩艺术,叫引证术。引证术的特点是引经据典,旁征博引,借言求证,使语言新鲜生动,活泼有趣,以增强说辩的感染力。

第二次世界大战期间,美国的一批科学家要试制原子弹,他们把这项工程命名为"曼哈顿工程"。核物理学家西拉德草拟了一封信,由爱因斯坦签署后,请美国著名的经济学家、罗斯福总统的私人顾问亚历山大·萨克斯面呈总统，信的内容是敦请美国政府一定要抢在德国希特勒的前面研制原子弹。

1939年10月11日，萨克斯同罗斯福进行了一次具有历史意义的谈话。萨克斯先向罗斯福总统面呈了爱因斯坦签署的长信，接着又朗诵了科学家们关于核裂变发现的备忘录。可是，罗斯福总统听不懂那深奥的科学论述，反应非常冷淡。

罗斯福对萨克斯说："这些都很有趣，不过政府如果在现阶段干预此事，看来还为时过早。"

萨克斯讲得口干舌燥也于事无补，就只好向总统告辞。罗斯福为了表示歉意，就邀请萨克斯第二天早晨七时共进早餐。鉴于事态的严重和责任的重大，未能说服罗斯福的萨克斯苦苦思索着说服总统的良策。

次日早晨七时，萨克斯和罗斯福总统共进早餐。萨克斯尚未开口说话，罗斯福就先发制人地说："今天不许谈爱因斯坦的信，一句也不许谈，明白吗？"

"先生，我想谈一点历史，"萨克斯笑着对总统说，"英法战争期间，在欧洲大陆上不可一世的拿破仑在海上却屡战屡败。这时，一位年轻的美国发明家罗伯特·富尔顿来到这位法国皇帝面前，建议把法国战舰上的桅杆砍掉，撤去风帆，装上蒸汽机，把木板换成钢板。但拿破仑却认为，船没有风帆就不能航行，木板换成钢板就会沉没。他嘲笑富尔顿：'军舰不用帆？靠你发明的蒸汽机？哈哈，这简直是想入非非，不可思议！'结果富尔顿被轰了出去。历史学家在评论这段历史时认为：如果当初拿破仑采纳了富尔顿的建议，19世纪的历史就得重写。"

罗斯福沉思了几分钟，然后取出一瓶拿破仑时代的法国白兰地，斟满了酒，他把酒递给了萨克斯，说道："你胜利了！"

萨克斯顿时激动得热泪盈眶。

在这个故事中，萨克斯如果采用直言论辩的方式势必无济于事。尤其在罗斯福总统先发制人地提出"不许再谈"的禁令后，更是堵死了萨克斯直言申辩之路。这种情况下，萨克斯巧用历史借鉴法这种辩论之术，以古喻今，从而使罗斯福总统从一个历史的高度认识到制造原子弹建议的意义。

工于用典，巧于引证，的确有"幽微穿溟涬，飞动霹雳"的雄辩威力。在论辩中，说辩者旁征博引恰到好处，自然能收事半功倍之效，赢得说辩的优势。

法国前总统乔治·让·蓬皮杜一生酷爱诗，他对诗的造诣颇深，曾用闲暇时间汇编了一部《法国诗选》。作为一个政治家，乔治还喜欢把诗当作一种武器运用于政治斗争中。他与对手论战或会谈，不时引述一些绝妙的诗句让对方上套或自我解围。他任总理期间，在一次议会会议上，当一些人气势汹汹地指责他受戴高乐总统摆布，嘲笑他不过是戴高乐的一个走卒时，他不慌不忙地用法国诗人斯卡隆的三句诗作答：

"我看见一个马车夫的影子，手中拿着一把刷子的影子，在拂拭一辆马车的影子。"他莞尔一笑说道，"我也不过是一个幽灵。"听到这里，人群中爆发出一阵笑声。剑拔弩张的紧张气氛顿时缓和下来了。

"但未来从来不属于幽灵！"乔治不失时机地把话锋一转，"如果有一天我们主张把全部权力都交给对议会负责的总理，那么我们立即就会回到第四共和国，回到共和国险遭灭顶的多党制上去？独裁政权吗？绝不是。总统权力是受限制的，他必须与政府意见一致。同样，总理关于总的政治路线方面也必须与国家元首一致。因为，如果在基本问题上观点不同，政府机器就不能平稳顺利地运转。"

乔治从容不迫地结束了自己的雄辩。人群报以热烈的掌声。

面对围攻与嘲弄，气急败坏，暴跳如雷，不仅无济于事，反而会授人以柄。但是，乔治心平如水，委婉风趣。他先是引用诗词，颇让对手迷惑不解。接着，他坦率承认自己是诗中意义上的"影子"，使对手误以为他不得不赞同他们的观点，对抗气氛就松懈了。紧接着，他转入反攻，顺势阐述了自己的观点，不卑不亢，落落大方。其高超的辩才令人折服。

权威性的经典有较广泛的普遍意义，因而也就具有超凡的论据力量。人类有几千年的文明史，文化典籍汗牛充栋，十分丰富，在论辩事理时，恰当地引用，能使所论述的问题更具有说服力。因此优秀的论辩家，往往广引博征、使自己的观点得到广泛而有力的支持。

值得注意的是，我们在论辩中运用引证术时，要选择那些与自己的论辩课题内容十分贴切的典故和警句，做到天衣无缝，恰到好处。其引证的方法，多有讲究。如引用典故，可以明引，也可以暗引；引用名言、名句、成语、俗语等，可以删减，也可以增益；可以全引，也可以撮要；可以引原句，也可以摘句、摘字，还可以改变原句，运用时可以灵活掌握。

【卡耐基箴言】

◆ 一个雄辩的人在论辩中适当借助一两个妙趣横生、意味隽永的故事，往往能使人们在故事情节和感人形象的审美享受中获得深刻的启迪，增强说服力。

◆ 在论辩的双方对垒中，根据人们对权威信赖的心理定势，借助于权威的形象或权威的言论，可以使我们的语言具有不可抗拒的雄辩力量。

5. 巧比妙论，掌握说服对方的说话技巧

在辩论中，要注意在观点与语言上都要新颖别致、不落俗套，同时在内容上也要新鲜有趣、生动活泼。一旦新奇的形式和论说的主旨相结合，自会妙言趣道，以喻明理。

"比喻"是语言艺术中的一朵奇葩。一个生动形象的比喻，能化深奥为浅显、化抽象为具体、化生僻为通俗，同时能启发人们丰富的联想，使自己的论证如虎添翼，效果倍增。

一次，著名演说家马克·吐温在给他的学生授课时，有两个学生因"多说话有没有好处"争得面红耳赤，相持不下，其中一个学生便向马克·吐温求教："多说话有好处吗？"

马克·吐温说:"青蛙、苍蝇、蚊子日日夜夜不停地叫喊,嘴巴也干了,舌头也喊乏了,可没能博得人们的欣赏。雄鸡在黎明时刻按时啼叫,只要叫声一起,天下的人们都为之振奋起来了,去开始新的一天的劳动和生活。你看多说话有什么好处呢?要紧的是,话要说得切合时机!"

马克·吐温并未用长篇的说教来告诫学生,而是巧妙地用比喻来说明某种道理,一语破的。并且,由于比喻的幽默,既形象生动地说明了观点,又妙趣横生,显示了马克·吐温的口才。

论辩中运用有效的比喻修辞,对于观点的阐述,意思的表达会起到很好的效果。一个精彩贴切的比喻,可以使一个复杂的道理显得十分简洁明确,但却寓意深刻,耐人寻味。

比喻有两个成分:一个是被描绘、被比喻的事物,叫"本体";一个是用来打比方的事物或现象,叫"喻体"。本体、喻体是不同的东西,有本质差别,但两者之间又有一定相似之处。本体大多比较抽象、深奥,或是生疏而不易理解;喻体则比较具体、浅显,为人们所熟悉。

常用比喻一定要避免晦涩、粗俗、不贴切的比喻。喻体如果是人们不熟悉的,会使人莫名其妙。如果不贴切则非但无助于理解本体,反而会引出其他的一系列问题,自己叙述问题时甚至会按照喻体引出的歧义去考虑,那就弄巧成拙了。例如,有些牧师,想翻译圣经给非洲热带的居民读。可是译到"你们的罪恶虽然是深红的,但也可以变成像雪一样的白"的时候,难题就发生了。因为热带的土人,他们根本不知道雪是什么东西,雪的颜色和煤的颜色有什么不同。后来,牧师从椰子得到启发,牧师把这句改译成"你们的罪恶虽然是深红的,但也可以变成像椰子肉一样的白",这样,非洲居民就懂了。所以比喻一定通俗易懂,以简喻繁。

加里宁是俄国布尔什维克的一位杰出的政治家、活动家。一次,他向某地农民代表讲解工农联盟的重要性。尽管他作了详尽的严谨的论证,但听众始终茫然而不得要领。有人问:"什么对苏维埃政权来说更珍贵,是工人还是农民?"

加里宁乘机反问:"那么对一个人来说,什么更珍贵,是右脚还是左脚?"

全场静默片刻，突然爆发出雷鸣般的掌声。农民代表们都笑了。

一大篇抽象论证没能说服农民，一个浅显的比喻却说尽其深蕴之理。

比喻论证运用得好，既能恰当地表达自己的寓意，又能给对方以讽刺，同时也给对手增加了难题。因为对手除了反驳你的论题外，还要反驳你的比喻，而比喻又往往是人们熟知的事实和道理。因而比喻既增加了对自己命题的确证，又增加了对手反驳的困难。

德国女数学家爱米·诺德获得博士学位后，还不能立即开课，因为她还没有得到讲师资格。但她的学识和才华受到了从事广义相对论研究的希尔伯教授的赏识。

在一次教授会上，为爱米·诺德能否成为讲师发生了一场争论。一位教授激动地说："怎么能让女人当讲师呢？如果她做了讲师，以后就要成为教授，甚至进入大学评议会。难道能允许一个女人进入大学最高学术机构吗？"

希尔伯特教授反驳道："先生们，候选人的性别绝不应该成为反对她当讲师的理由，我请先生们注意：大学评议会，毕竟不是男澡堂！"

这里"大学评议会不是男澡堂"就是反喻。这一反喻掷地有声、铿然作响，驳得对方哑口无言。

在辩论中，运用生动的比喻作为论据，将精辟的论理寄寓于摹形拟象的描绘之中，或状客观之景，或寓物外之理，既能给人以艺术上的美感，又能给人哲理上的启迪。往往寥寥数语，就能尽言理之深蕴，并能以一当十，收到深入浅出、雄辩有力的效果。

运用比喻进行反击时应注意几点：其一，要用具体的、形象的事物比喻那些抽象的、复杂的概念和理论，这样可以使反击更易于理解，使语言更富于感染力；其二，要用人们熟悉的、常见的事物比喻那些不常见的、不熟悉的事物；其三，比喻物与被比喻物之间的相似性应当是明显的，大家公认的或易于理解的，否则就会使比喻显得生硬，从而失去应有的感染力。

【卡耐基箴言】

◆ 一个精彩贴切的比喻，可以使一个复杂的道理显得十分简洁明确，但却寓意深刻，耐人寻味。

◆ 巧比妙论，取喻明显，把精辟的论述与摹形拟象的描绘糅合为一体，既能给人以哲理的启迪，又能给人以艺术上的美感。

6. 探因究果，把握事物的因果关系

在自然界和社会中，各种现象之间是普遍联系的，因果联系是现象之间普遍联系的表现形式之一。任何现象的产生都有一定的原因，任何原因都会产生一定的结果，因果联系是客观事物最普遍的必然联系。因果论证法就是通过找出某一现象的原因，以因果联系为根据得出结论的辩论方法。

一个顾客在酒店喝啤酒。他喝完第二杯之后，转身问酒店老板："你们这儿一星期能卖掉多少桶啤酒？"

"35桶。"老板得意洋洋地回答说。

"那么，"顾客说，"我倒想出一个能使你每星期卖掉70桶的办法。"

老板很惊讶，急忙问道："什么办法？"

"这很简单，你只要将每个杯子里的啤酒装满就行。"

顾客不直说杯里的啤酒太少了，而是通过因果关系的联想，即多倒啤酒就能增加销售量的联系，先说结果，然后再说要达到这一结果的条件，从而既幽默又含蓄地表达了自己的意见。

因果联系是以时间先后为条件，由一种现象必然引起另一种现象的本质联系。所谓原因，指的是产生某一现象并先于某一现象的现象；所谓结果，指的是原因发生作用的后果。原因与结果具有时间上的先后关系，但具有时间先后关系的现象并非都是因果关系;除了时间的先后关系之外,因果关系还必须具备一个条件,即结果是由于原因的作用所引起的。

因果论证法根据探求原因的方法不同,主要有以下几种类型:

1. 探因求同式

所谓探因求同,是指根据被考察现象出现的几个场合中,其他情况都不相同,而只有一个情况相同,于是得出结论,这个相同的情况就是被考察现象的原因。

18世纪俄国科学家罗蒙诺索夫在一次学术会议上,在为自己的观点辩护时,就使用了这种方法。他这样论证:

"我们搓擦冻僵了的双手,手便慢慢暖和起来;我们使劲敲击冰冷的石块,石块能发出火光;我们用锤子不断地锤击铁块,铁块也可以热到发烫……由此可知:运动能够产生热。"

罗蒙诺索夫考察了搓擦双手、敲击石块、锤击铁块等发热情况出现的不同场合。这些场合其他的情况都不相同,而只有一种情况相同,就是运动,于是他得出结论:运动是发热的原因,运动可以产生热。

2. 探因求异式

探因求异式与探因求同式基本相同,只是探求的结果是"异"而非"同"。所谓探因求异,是指在被考察现象出现和不出现的几种场合中,其他的情况均相同,只有一种情况不同,于是得出结论:这个不同的情况就是被考察现象的原因。

一位生物学教授通过试验,发现蝙蝠具有以耳代目的活雷达特性,而另一位学者则持有不同意见,于是,两人展开了辩论。

教授:"蝙蝠能在阴暗的岩洞里准确无误地飞行,这是为什么?"

学者:"因为它的眼睛特别敏锐,能在微弱的光线下看清周围的障碍物。"

教授:"为什么蝙蝠能在黑夜穿过茂密的树林?"

学者:"也许它有异常的夜视能力。"

教授:"当我们把它的双眼遮住,或让它失明,它仍能完全正常地飞行,这又是为什么?若去掉它双眼的蒙罩,将它的双耳遮住,它飞行时就会到处碰壁,这又该如何解释?"

学者无言以对,只好认输。

生物学教授考察了蒙住蝙蝠耳朵与不蒙住耳朵的不同情况:蒙住耳朵不能正常飞行,不蒙则可以正常飞行,这两个场合其他情况都相同,只有蒙住与不蒙住耳朵不同,因而得出结论:蝙蝠是以耳朵探测方向的。生物学教授由于正确地运用了探因求异法,所以得出了无可辩驳的结论。

3. 共变探因式

所谓共变探因,就是指当某一种现象发生变化时,而被研究的现象也随之而发生变化,因而断定该现象就是被研究现象的原因。

甲:"你知道船舶遇难而落水的人在水中最多能坚持多久?"

乙:"据有人试验,发现会水的人在 0℃的水中可坚持 15 分钟,在 2.5℃时能坚持 30 分钟,5℃时能坚持 1 小时,10℃时能坚持 3 小时,25℃时就能坚持一昼夜。所以在一定范围内,人在水中坚持的时间与水温成正比,水温高低是影响人在水中停留时间长短的因素之一。"

乙的结论就是使用共变探因式得出的。

因果论证可以增强我们论点的说服力,使人知其然,也知其所以然。但是我们必须注意:不能将不具有因果联系的事物现象说成具有因果联系。如下例。

甲:"黑母鸡比白母鸡聪明。"

乙:"你怎么知道?"

甲:"嘿!黑母鸡能下白蛋,白母鸡不可能下黑蛋呀!"

黑母鸡能下白蛋不是因为黑母鸡聪明的缘故,甲的话属于诡辩,这叫强加因果式诡辩。

另外还要注意,原因引起结果,原因在先,结果在后,但也并不是在某个现象之前都是该现象的原因,不要犯"以先后为因果"的错误。

因果论证法是一种重要的辩论方法。在论辩中，因果论证能显示事物之间的本质关系，使人知其然，也知其所以然，因此，可以加强论点的说服力，使论点固若金汤。

【卡耐基箴言】
◆ 因果论证法的关键是要找出制约某一现象的原因。
◆ 在论辩中，因果论证能显示事物之间的本质关系，使人知其然，也知其所以然。

· 第五章 ·

激情四溢的演讲魅力口才

演讲需要演讲者把思想、感情、语言、声音、表情、姿态等一系列因素融为一体,而掌握这种能力的学问就是演讲的口才艺术。只有掌握好这门艺术,才能有效地与听众进行交流,才能引起听众思想和感情上共鸣,形成一种大家都置身局内的氛围。

1. 有备而动，让演讲踏歌前行

大凡著名的演说家，在走向中心舞台之前，都已付出难以想象的心血。林肯曾说："我相信，唯有准备充分的演说者，才配具有自信的资格。我若是无话可说时，就是经验及年龄再老也不能免于难为情。"丹尼尔·韦伯德也说："如果没有准备就出现在听众面前，这和裸体没什么两样。"因此，成功的演讲必须从精心的准备开始。

1.明确目的，确定主题

演讲的目的是演讲者在实际表述中期望得到的结果、目标和反应。准备演讲的首要步骤是搞清楚演讲的目的和想要达到的具体目标。弄清这个问题，才能有的放矢地选择论题，准备演讲的内容。

选择论题包括确定主题和确立标题。演讲的主题是演讲所要表达的中心思想。它可以是说明某个问题，也可以宣传某个道理，还可以是讲述某种观点，等等。主题是组织演讲的主线，它决定着演讲的思想深度以及能否引起听众的共鸣，一场精彩的演讲必须具备鲜明深刻的主题。好的主题应符合下列基本要求：①适应听众的需要。为此，主题应紧紧抓住人们普遍关心的问题和现实中急需解决的问题。其次，主题要有针对性，适应听众的年龄、职业、知识结构及心理特征的需要，这样才能唤起听众的热情和兴趣。②符合自己的身份和能力。主题应符合演讲者的身份、职业、年龄、知识储备，这样才能使演讲的内容与演讲者的思想感情、外在表现融为一体，给人以自然、大方之感。③具有与众不同的真知灼见。主题要新颖，有创造性，确实能带给听众新知识、新思想，使人听后受益匪浅。④集中一点，突出重心。每次演讲只能有一个主题，并且紧紧围绕这个主题展开内容，使全篇重点突出，思想凝练。

演讲的标题是演讲的"眉目"，富有吸引力的题目，能激发听众听讲的愿望，还能给人留下永久的记忆，甚至成为警句流传。好标题的标准是：能够揭示主题，成为演讲的纲领和核心；简洁明确，使听众容易了解，不能冗长、宽泛；新奇、生动，能引起听众的好奇心；富有启迪，使听众有细细品味的余地。

2. 准备材料

材料是演讲的血肉，是立论的依据。没有材料，再好的主题也无法表现出来。正所谓"巧妇难为无米之炊"。材料的准备是演讲的一项基础性工程。

准备材料的第一步在于搜集材料。搜集材料应遵循三个原则：①围绕主题充分占有材料。占有足够的材料，思路就会更开阔，论据会更充分，从而产生令人信服的雄辩力量。②材料应真实客观。材料只有经得起听众的推敲，才能有力地阐明观点。因此，不能使用以偏概全、缺乏普遍适用性的材料，更不能根据需要臆造或虚构假材料。③材料需新颖。即材料应是最新研究、调查的结果，或者是以前别人没有使用过的。当然也包括从新的角度分析旧材料。

在占有材料的基础上，还必须做好材料的筛选工作。根据自己的思路、听众的具体特点、愿望等因素去粗取精，把最典型、最生动有趣、最能表现主题和最具针对性的材料保留下来，用到演讲中去。这样，主题与材料才能完美统一，水乳交融，产生极强的吸引力。

此外，演讲中材料使用的顺序、详略安排都要灵活得体。比如，材料应大体均匀地分布于各个部分，不能过多地集中于一点；应适当穿插趣味性的材料，调节现场气氛，吸引听众注意力。

3. 设计演讲结构

设计结构也就是布局谋篇。合理的结构安排对演讲的成功至关重要。演讲者在演讲前对怎样开头、结尾、铺垫、承接、安排主次都成竹在胸，才能在演讲中思路清晰，游刃有余，紧紧抓住听众。布局谋篇应着眼于三个方面：开头、正文和结尾。

（1）开头要引人入胜。开头是演讲的起点，对演讲有双重意义。一是诱发听众的浓厚兴趣，赢得听众的好感。二是为整个演讲创造适宜的气氛，为全篇演讲定下基调，或提纲挈领点明演讲的宗旨，自然引起下文。基于此，开头一般应注意两点：其一，开头贵在简短切题，把听众迅速引入情景，使他们尽快把握演讲的主旨。其二，开头要做到内容有新意，见解独到，形式新颖，使人有耳目一新的感觉。

当然，具体的开头并没有固定的模式。演讲的主题、选用的材料、表达方式及风格不同，开头方式往往也不同。不过，一些常见的开头方式对我们有一定的借鉴作用。如：开门见山，直截了当地提示主题；解释题目，点明题意；举一个触目惊心的事实制造悬念，激起听众的密切关注；引用名言警句和幽默语句，以深邃的哲理和新奇贴切的比喻打动听众；等等。在实践中，我们应区别情况，选用恰当的开头方式，争取使演讲有一个良好的开端。

（2）正文要条理清晰，突出重点。正文是演讲的主体部分。演讲是否内容充实，言之有理，主要取决于正文的阐述。因此，演讲者应用心组织材料，合理安排结构，力争做到层次清楚，推理严密，主次分明，前后连贯。为此，演讲者应注意：①对问题的划分要尽量明确，防止相互交叉和相互包容。②把纲目的要点用言简意赅的标题醒目地呈现出来，以求脉络分明。③在内容层次过渡处，多用一些明显的转折法，以利于听众整体上了解内容的梗概和轮廓。④注意使各层次之间靠内在的逻辑关系联系起来。

强调结构层次简单，并不意味着平铺直叙，而是要采取各种技巧使演讲波澜起伏，高潮迭起，以此来维持对听众的吸引力。

（3）结尾要精巧。演讲的结尾和开头一样，都是最能显示演讲技巧的环节。精彩的结束语能给听众留下难以忘怀的印象，达到"余音绕梁"的效果。为此，演讲者必须遵守3个基本原则：①余味无穷，能令人深思。即是说，结尾应含蓄，蕴意深刻，使人感觉言犹尽而意无穷。②首尾照应，通篇浑然一体。以简短的话照应开头，可起到深化主旨，收拢全篇的作用。③简洁利落，谨防画蛇添足。内容讲完了，就该戛然而止，不要重复啰嗦。

正如好的开头没有定局一样，好的结尾也没有一个公式，妙在巧思巧用之中。具有代表性的结尾一般有：总结全文，点明主旨；提出希望，感化听众；以警句、格言结尾，启迪思想；发出呼吁，鼓舞斗志……无论何种结尾，只要能使人思想和感情得到升华，都是成功的结尾。

由此可见，要想拥有出色的演讲，事先必须有充分的准备。正所谓"事预则立，不预则废"，只有在演讲前万事俱备，你才能纵情挥洒你高超的口才技能。

【卡耐基箴言】

◆ 演讲前做好周密、充分的准备，并不是让你像小学生一样流利地将演讲稿背诵下来。那样不仅浪费时间、精力，而且很容易导致失败。

◆ 只要遵循正确的方法，做周全的准备，任何人都能成为出色的演说家。反之，不论年纪或者经验多么老到，若没有适当的准备，仍会在演讲中出窘。

2. 要热诚，感动自己更能感动他人

热诚，是一种内在的精神本质，它深入到人的内心，任何不是发自内心的热情，那些都是虚伪的表现。只要你充满了对别人的爱，你就会兴奋，你的眼睛，你的大脑，甚至你的灵魂都充满了激情，这种激情可以感染别人，鼓舞别人。因此，在演讲中，唯有真诚的情感，才能激发听众的热情，产生震撼人心的力量。

人们对林肯就任第二任总统的一篇演说赞誉备至，称之为"人类最光荣而最宝贵的成绩之一，是最神圣的人类雄辩的真金"。其演说内容如下：

"我们对于大战灾祸能够早早结束，都很热诚祈求。但是，如果上帝仍欲使战争继续下去，并把世人辛苦了250年积下来的财富完全化尽，受过鞭笞的身体

还要受一次枪刀的残害,那我们还是说:'上帝的审判,完全是真实而公平的。'不论对什么人,我们都要慈爱而不要怨恨,我们还是遵照了上帝的意思,坚持正义,并继续努力完成我们的工作——整顿我们已经残破的国家,纪念我们战死的烈士,以及因战争而造成的孤儿寡妇,以达到人与人之间的永久的和平。"

有人评价道:"林肯在葛底斯堡的演说已经十分伟大,然而他第二次就职演说,还要伟大……这是林肯一生中最感人的演说,他的这个演说,使他的智慧和精神的威力达到了登峰造极之境。"

还有人说:"这简直是一篇神圣的诗,美国历来的总统,从未对美国的民众讲过这样的话,而且美国的总统,也从没有过一位在心底里找出了这样的话来。"

演说者不是敲击铜铃,而是敲击人们的"心铃"。因此,演说家应该用真挚的情感、竭诚的态度击响人们的"心铃",刺激之、振奋之、感化之、慰藉之、激励之。对真善美,热情讴歌,对假丑恶,无情鞭挞。让喜怒哀乐,溢于言表;使黑白褒贬,泾渭分明。用自己的心去弹拨他人之心,用自己的灵魂去感染他人之灵魂,使听者闻其言,知其声,见其心。

美国政治家柏休安说:"通常所谓口才流利,就是说那人说话是从心底里发出来的,里面充满了热诚。一个诚恳的演说者,不妨缺乏知识,一篇能够说服听众的演说,能够把自己的心和听众的心融合为一,而不是单单把自己的记忆移入对方的记忆。"

几年前,哥伦比亚大学请我去作柯帝斯奖章演说比赛的评判员,当时共有三位评判员,参加比赛的是6个大学生,他们——竞赛者——事先已各自准备得十分纯熟,都坚信自己确有胜利的把握。可是,其中5人的努力,都是为了要获得奖章,并没有他们真正想说的话。他们各自依自己的特长选取题材,可是他们对于自己所说的话并不感到多大的兴趣。但其中另有一位演说者是非洲的苏丹太子,他选了一个"非洲对于现代文明的贡献"的题目,当他演说时,每一句都含有真切的情感,他正在从他的坚信和热诚中吐出话来,他像是代表了他的人民和整个非洲。因此,虽然他的言词较人逊色,但最终获得了一等奖章。我们三个评判员不约而同地公认他的演说，确是具备演说者必不可少的真正热诚，而其他几个竞赛者，不过是在说一些漂亮话而已。

成功的演说，不能仅仅卖弄华丽的语言，必须凝聚着演讲者的热诚。真情实感是联系演说者和听众心灵的纽带。如果在演说时能将人的丰富情感如实地表达出来，那么听众一定会受到感染，产生共鸣，从而达到理想的艺术效果。

美国著名小说家惠赖凯珊说："热情是每个艺术家的秘诀，而每位演说家都应当是一位艺术家，这是一个公开的秘密。这正像一个英雄不能拿假的武艺冒充真的本领一样。"一个演说者如果讲话华而不实，只追求外表漂亮，开出的只能是无果之花。若缺乏真挚而热烈的情感，只是用"人工合成"的感情，虽然能欺骗听众的耳朵，却永远骗取不到听众的心。

【卡耐基箴言】

- ◆ 热忱，是一种内在的精神本质，它深入到人的内心，任何不是发自内心的热情，那些都是虚伪的表现。只要你充满了对别人的爱，你就会兴奋，你的眼睛，你的大脑，甚至你的灵魂都充满了激情，这种激情可以感染别人，鼓舞别人。
- ◆ 一个演说者如果讲话华而不实，只追求外表漂亮，开出的只能是无果之花。若缺乏真挚而热烈的情感，只是用"人工合成"的感情，虽然能欺骗听众的耳朵，却永远骗取不到听众的心。

3. 营造氛围，唤起情感共鸣

哈理·奥佛斯锥教授曾说："高明的演讲者以听众为中心，一开始便获得许多听众的共鸣。他就借机为听众设下心理过程，使他们朝赞同的方向前进。听众的心理就像弹子游戏中的弹子那样，将它推向一个方向后，如果想使它偏斜，便需费些力量；而如果想把它推回相反的方向，则需费更大的力量。"

所谓共鸣，就是演讲者与听众在思想感情上达到基本一致的体验。借助感情共鸣，可以消除听众的对立情绪，赢得听众的信任，营造融洽气氛，从而为你的演讲铺平道路，使对方从心理上愿意接受你的观点或主张。

在倡行节俭运动期间，我曾为美国银行学会的纽约分会培训了一批员工，其中有一个人无法和听众沟通。要想帮助他，首先要让他对自己的题目产生高度的热情。于是，我采取了以下措施：

我告诉他先独自一个人静静地待在一边，把自己的题目反复思考几遍，直到对它产生热忱。

我让他记住这样一个事实：纽约遗嘱公证法庭的记录显示，80%的人去世时，没有给自己的亲人留下分文，只有3.3%的人留下了10000美元或更多的遗产。我还让他明白，他现在的演讲并不是求别人施舍他，或者要求别人做根本无法做到的事。我还要求他这样对自己说："我是在替这些人着想。要使他们老了以后可以衣食无忧，过上舒适安逸的生活，并且给妻子儿女留下足够的安全保障。"最后我还让他相信，他是在做一项了不起的社会服务工作。

总之，我让他相信自己就是一名移风易俗的斗士，让他彻底改变了观念。

通过这些事实，他在经过认真思考以后，终于使自己热情高涨，激发出了巨大的兴趣和热情，并开始觉得自己的确是身负重任。于是，他外出演讲时，那满载信念的语言感染了所有的听众。他将节俭的利益告诉大家，因为他想帮助他们。他不再是个一味地陈述事实的演讲者，他已经成了一名传教士，努力劝说人们信奉节俭的信念。

在各种争议中，不论分歧多大、多尖锐，总是会有某一点是演讲者能让人人都产生心灵共鸣的。不论一个人多坚决地想和演讲者意见相左，只要营造出心理相容的氛围，就会使他确信演讲人公正坦诚的心意。

演讲者发表演讲的目的，就是要吸引、说服、鼓动、感召听众，因此，如何使自己的演讲唤起听众的共鸣,从思想深处征服听众,就成为演讲者最为关注的问题。那么,演讲者怎样才能唤起听众的共鸣呢?

1. 趋同法

演讲者与听众之间共同的地位、经历、愿望、志趣、信仰、理想等,都具有趋同性,演讲者可以从趋同的角度入手,去寻找与听众的共同语言,渲染与听众的共同体验,去缩短与听众的心理距离,唤起听众的心理共鸣。

2. 求异法

追求新奇是听众的正常心理,演讲者可以巧妙构思,以求异为"突破口",给听众以新鲜奇特的刺激,设置吊起听众胃口的悬念,调动听众的逆向思维,在设疑、质疑、解疑的过程中,使听众产生恍然大悟的心理愉悦。

3. 对比法

事物之间的对比能更清楚地显示各自的特征,引起人们的重视。在演讲中,用对比的方式来唤起听众的心理共鸣,可以突出演讲主旨的倾向性,引起听众对演讲信息的高度重视,从而与演讲者产生心理的交融。

4. 想象法

人的一切行为都离不开想象。在演讲中,运用想象激发听众的心理共鸣,变演讲者的有意想象为听众的无意想象,变演讲者的创造想象为听众的再造想象。通过演讲者绘声绘色的描述和生动形象的比喻,使听众在内心再现演讲者描述的艺术境界,从而心驰神往,深受感染。

5. 情感法

情感是艺术的灵魂,也是演讲生命力的源泉。演讲只有用真情实感的流动、跳跃和燃烧才能感动听众,演讲者只有用血、用泪、用自己生命的激情去呼喊、去敲击才能叩开听众的心扉,震撼听众的灵魂,才能有效地唤起听众的心理共鸣。

6. 理趣法

演讲的说理最忌空洞抽象、生硬说教,演讲者要善于揣摩听众心理,顺应听众需求,激起听众探究的兴趣,做到理趣相生。而理趣相生的说理能够使演讲的道理更加深入人心,激起听众发自内心的共鸣。

7. 反问法

演讲中的反问句并不需要听众来回答,而是一种表达强烈情感、进行双向沟通的手段,以反问的方式来唤起听众的心理共鸣,能激起听众心中的波澜,把演讲推向高潮,增强演讲的鼓动性和感染力。

总之,演讲者要善于根据不同的内容、形式、语境、对象等,选择恰当的手法,叩击听众的心扉,震撼听众的心灵,唤起听众的共鸣。当然,也可以综合运用几种手法,对听众进行多角度、多层次、多渠道的心理激发,打动听众,征服听众,取得最佳的演讲效果。

【卡耐基箴言】

◆ 不论一个人多坚决地想和演讲者意见相左,只要营造出心理相容的氛围,就会使他确信演讲人公正坦诚的心意。

◆ 高明的演讲者以听众为中心,一开始便获得许多听众的共鸣。他就借机为听众设下心理过程,使他们朝赞同的方向前进。

4. 巧妙地运用幽默的力量

演讲是在比较正式的场合对众人所作的一种带有鼓动性、说服性、抒情性和表演性的讲话,但是,不能因为它比较正式,演讲人就一定要拿起架子,板起面孔,作枯燥无味的陈述。所以,造成幽默轻松的气氛是使演讲易于为人接受的一种高明的方法。

许多优秀的演讲者都善于以幽默风趣的语言紧紧抓住听众的注意力,使听众在会心的笑声中与他产生共鸣,从而比较容易地接受并牢牢记住他的观点。

1861年至1865年期间任美国总统的阿伯拉罕·林肯，是一代演讲大师、幽默大师，是历届美国总统中最幽默的一位。1860年他在竞选总统时发表了这样的演说词：

　　"有人打电话问我有多少银子，我告诉他们我是一个穷棒子。我有一位妻子和一个儿子，他们都是无价之宝。我租了一间房子，房子里有一张桌子和三把椅子，墙角有一个柜子，柜子里的书值得我读一辈子。我的脸又瘦又长，且长满胡子，我不会发福而挺着大肚子。我没有可以庇荫的伞子，唯一可以依靠的就是你们。"

　　这样一番绝妙的演说，使林肯成功地为自己在公众面前树立起一个清廉诚实、平易可亲而且极其幽默的形象，谁能抗拒这种演说的感染人心的魅力呢？

　　幽默是一门高雅的艺术，是口才的一个组成部分。如果没有幽默感，即使口若悬河、析理入微、富有鼓动性，口才也是不全面的。幽默语言不仅发人深省、耐人寻味，而且能够增强演讲的力度，活跃听众的情绪，提升言谈艺术的感染力。

　　幽默是一种一触即发的事，跟个人的特点和性格有很大的关系。在发表演讲的这个极为困难的领域里，还有什么比引起听众发笑更困难、更为难的呢？记住，故事本身很少有差别，听众所感兴趣的是说故事者的叙述方式。

　　著名作家基卜林在向英国一个政治团体发表演讲时，在开场白中讲了一个笑话，结果引得听众捧腹大笑。下面就是他讲的那个笑话，让我们看看他是怎样聪明地引人发笑的。

　　"主席，各位女士、先生们：

　　"我年轻时，曾在印度当记者，专门替一家报社报道犯罪新闻。因为这项工作使我认识了许多骗子，所以我认为这是一项很有趣的工作。有时，在我报道了他们以后，我就到监狱去看望这些正在服刑的老朋友。我记得有一个人，他是因为谋杀而被判无期徒刑的。他是一个聪明、说话温和而有条理的家伙，他自称要把他的生活教训告诉我。他说，以他为例，一个人一旦做了不诚实的事，就很难自拔，只有一件接一件地不诚实地做下去。到最后他发现，必须把某个人除掉，才能恢复自己的正直。目前，我们的内阁正是如此。"

基卜林叙述的是自身的一些经验，而不是一些陈旧的轶闻往事，并且好像开玩笑一样强调了其中不对劲的地方，自然就收到了意想不到的效果。

幽默是充满机智而饶有兴味的一种语言特征，它既可将沉闷难堪的气氛活跃起来，愉悦人们的心境，又能表现演讲者机智的谈吐，高尚的人格。真正的幽默不是来自情绪，更多来自于智慧。

亨利·哈克是印第安纳州洛威市一家卡车经销公司的部门主管。有一次，他想召开全体员工大会，但是，在会场上他发现大部分人居然都昏昏欲睡。

于是，哈克抬手看了一下表，说："劳驾诸位——请大家对一下表。"

会场上的人吃了一惊，心想开会对表干什么？众人疑惑的目光对准了哈克。

哈克伸出胳膊，注视着自己的手表，极为认真地重复道："劳驾，请对一下表。"

大家惊奇不已，但都将自己的手表拿在手上。

"现在是下午 4 点 30 分，不准的请拨正。我的发言只需 15 分钟，也就是说 4 点 45 分你们就可以离开这里。请前排的各位注意，如果到时间我讲不完，你们可以将我从窗口扔出去！"

顿时，会场上爆发出一阵欢笑，接着便鸦雀无声，大家都在全神贯注地听他只有 15 分钟的发言。

幽默是人生的润滑剂，是人生的大智慧，是演讲家的最高境界。有幽默的地方，人生就显得轻松、豁达、通融、格外的亲洽；有幽默感的人，其人生已超越于一般的境界；有幽默感的演讲家，会产生分外迷人的魅力，其演讲会留下余音绕梁的悠远效果。

培根曾说："善言者必善幽默。"莎士比亚说："幽默和风趣是智慧的闪现。"幽默是思想、学识、智慧和灵感在语言中的结晶，是一瞬间闪现的光彩夺目的火花。真正幽默蕴含着耐人寻味的丰富内容，让人回味无穷。

【卡耐基箴言】

◆ 幽默的故事，一定要有其观点，对人有所启示。幽默就像蛋糕表面的糖霜，它只是蛋糕层与层之间的巧克力，而不是蛋糕本身。
◆ 幽默是充满机智而饶有兴味的一种语言特征，它既可将沉闷难堪的气氛活跃起来，愉悦人们的心境，又能表现演讲者机智的谈吐，高尚的人格。真正的幽默不是来自情绪，更多来自于智慧。

5. 设置悬念，激发听众兴趣

美国戏剧理论家乔治·贝克在《戏剧技巧》一书中称悬念"就是兴趣不断地向前延伸和欲知后事如何的迫切要求，无论观众是否对下文毫无所知，但急于探其究竟；或对下文作了一些揣测，但渴望使其明确；甚至是已经感到咄咄逼人，对即将出现的紧张场面怀着恐惧——在这些不同情况下，观众都可能是处于悬念之中，因为不管他愿意不愿意，他的兴趣都非向前冲不可"。

演讲中的悬念是指听众的一种心理活动，这种心理的产生基础是演讲者在演讲过程中设置了能够引起听众强烈关注和急切期待的疑点。有经验的演讲者往往善于通过设置悬念来抓住听众，从而大大增强演讲的吸引力和感染力。

设置悬念是使演讲具有艺术引力的有效方法，只要善于运用它，就抓住了演讲成功的缰绳。那么，如何巧妙设置演讲悬念呢？

1. 提出问题

演讲者向听众提出问题、不急于自答，既能引起听众的注意和思考，又能使听众的听觉感到新鲜，还创造了一种平等讨论的气氛。例如一位教师在讲《交际学》的第一堂课事，当他在黑板上郑重其事地写下"交际学"三个字后，缓缓转过身来，面对学生说："同学们，你们中间有谁能说说人生在世做什么最难？"这一提问立刻激起了学生们的思考兴趣，并在做出某种思考后亟待老师一语道破，起到吸引学生立刻进入讲题中去的功效。

运用提问设置悬念时应注意几点：所提问题应该或是全篇演讲的主旨之凝聚点，或是与主题丝丝入扣的引子，一旦道破问题，或使听众明了主旨，或使听众注意力迈入正题；其次，选择的提问或是有一定的难度，或是极为简单，但都须有利于激活听众的兴奋点。前者已无须再列举实例，后者不妨看看下面的例子。在一次以《利学未知领域》为题的演讲中，演讲者突然问道："人不吃饭会怎么样？"听众觉得这问题简单的不值一答。不待回答，演讲者继续说："可一位气功大师却有一种奇迹般的能力，他竟然90多天只喝水不吃饭活了下来，而且面色红润，精力充沛……"

2. 讲述事件

一位演讲学教学大师在教授演讲理论技法时，学员们问他"演讲词是长篇大论好，还是短小精悍好？"对此，他不做正面简单回答，而是讲了两个事件。他说："在一个礼拜天，马克·吐温到教堂去，正逢一位传教士在那里发表募捐演讲。开始的五分钟，马克·吐温被感动了，他决定捐助50美元。可5分钟后直到10分钟，马克·吐温觉得在浪费时间，决定将捐助的数目减至25美元。可传教士还没有停下来的意思，又继续讲了半小时，马克·吐温只愿意给5美元钱了。当传教士讲了1个多小时演讲，端着钵子向听众请求捐钱相助时，马克·吐温决定这样做：不仅不给钱，还要偷去两元钱。

"林肯在葛底斯堡公墓落成仪式上做了一篇只有十句话、费时2分15秒钟的演讲获得巨大成功，而在他之前的国务卿艾弗雷特先生却发表了1小时57分钟的长篇演讲。虽然艾弗雷特先生也是成功的。但相比于林肯，他觉得自己的演讲颇拙。于是，他写信给林肯说：'如果我的两小时内所讲的内容能稍稍触及到你在两分钟内所讲的中心思想的话，那么我将感到十分欣慰。'林肯则在回信中说：'如果我的演讲还不算失败的话，我将感到安慰，其实我们两人的演讲，对于你则不能短，对于我则不应该长……'"

教学大师在回答学员的问题时，完全可以简洁地说："或长或短得视情况而定，一般还是短小精悍的好。"但他没有这么做，而是讲了两个事件，尽管颇费口舌，但却将道理通过趣味的故事深深植入了学员的脑海。

3. 演示实物

演讲行有时可以带实物上讲台，摆在讲台上，这实物到底有什么用，听众一时不明。但却有兴趣抱着猎奇的心理听演讲者最终来说明。例如，在一次以"珍爱生命，远离毒品"为题的演讲中，演讲者首先向听众展示了一张放大的彩色照片，然后接着说道：

"同学们，请看，这张照片上是一片粉红色的花朵。真是鲜艳夺目，光彩照人啊！然而，你们也许想象不到，这鲜花漂亮的外表下却掩藏着恶毒的祸心，这就是美丽的诱惑……"

演讲者为什么要展示照片？照片上究竟是什么花？又为什么说它掩藏着"祸心"，是"美丽的诱惑"？这些疑问，就是通过演示照片这一特殊的物件生发出来的悬念。这样做，大大强化了听众的视听印象，并为接下来点明题意、议论事理，营造了良好的现场氛围。

实物悬念是问式悬念的一个变种，因此须注意的方面也大致相同。不关乎演讲内容的实物，不引起听众心中疑问的实物，不是听众所熟悉的实物，当然不宜带到演讲场合。

4. 变化情感

演讲者在讲述过程中，突然出现大悲大喜、大忧大怒等表情，给人以一种莫名之感，欲知其因。美国著名的政治家、外交家本杰明·富兰克林，在一次晚会上发表演讲，由于前面发言的人拖时太长，听众已出现倦意，精神疲惫。待他上台亮相后，先出人意料地哈哈大笑三声，听众惊怔，倦意顿消。然后开始了他那风趣横生的演讲。

由此可见，演讲者随着演讲内容的突转而变化表情，确实能够创造悬念，以吸引和感染听众。

总之，演讲中设置悬念的方法是多种多样的，只要方法得当，就能出奇制胜、高人一等。需要注意的是，不管用何种方法设置悬念，都必须切合演讲的思想内容，适应听众的心理情绪，切不可为了制造悬念而故意卖关子、弄玄虚，把

"吊胃口"变成"倒胃口",那就弄巧成拙了。

【卡耐基箴言】
◆ 一个很有新鲜感和吸引力的悬念,它不仅引起了听众对问题的联想和思考,而且激发了大家对演讲者揭示答案的盼望和期待,这就是悬念产生的艺术魅力。
◆ 好奇心是所有人类行为动机中最有力的一种,演讲中设置悬念吊起对方好奇心,是一种行之有效的游说方法。在你满足了他人的好奇心的同时,对方也就会自觉地接受了你的意见。

6. 将"再见"说于听众的微笑中

在演讲中,哪一部分最可以显出你是熟练的还是没有经验的?你是敏捷的还是笨拙的?你要知道吗?我告诉你,就是在开头和结尾。戏院中有一句老话:"从上场和下场的精神上,就可以知道他们有没有本领的。"这句话虽然单指演员,然而对演讲者也很适用。

在演讲中,结尾是最具战略性的一点。当一个演讲者退席后,他最后所说的几句话,犹在耳边回响,这些话将被保持最长久的记忆。"余音绕梁"即是如此。

一个演讲者如何才能具有对演讲结尾部分的正确感觉?确切地说,跟文化一样,这种东西太微妙了,它几乎是一种直觉。不过,这种"感觉"是可以以培养的,这种经验也是可以总结出来的。

1. 归纳内容要点,概括中心意思

即使在只有五分钟的简短演讲中,一般的演讲者也会不知不觉地使演讲范围涵盖得很广泛,以至于结束时,听众对于他的主要论点究竟在何处仍感到有点困惑。不过，只有很少数的演讲者会注意到这种情况。演讲者往往有种错误的想法，认为这些观点在他们自己的脑海中如同水晶般清楚，因此听众也应该对这些观点同样清楚才对。事实并不尽然，演讲者对自己的观点已经思考过相当时候了，但他的观点对听众来说却是全新的。

下面的演讲者是芝加哥的一名交通经理，他在这方面做得比较成功。

"各位，简而言之，根据我们在自己后院操作这套信号系统的经验，根据我们在东部、西部、北部使用这套机器的经验，它操作简单、效果很好，再加上在一年之内它阻止撞车事件发生而节省下的金钱，使我以最急切及最坦荡的心情建议：立即在我们的南方分公司采用这套机器。"

在上面的结束语中，我们可以不必听他其余部分的演讲，就可以看到并感觉到那些内容。像这样的总结极为有效，我们不如在实际运用中对它加以发挥。

2. 请求听众依你的结论去实行

上面引用的那个结尾也就是"请求采取行动"结尾的最佳例子。演讲者希望有所行动：在他所服务的铁路公司的南部支线设置一套信号管制系统。他请求公司决策人员采取这项行动，主要原因在于：这套设备能够替公司省钱，也能防止撞车事件的发生。

在讲演中说最后几句话时，要求行动的时间已经来到，时机已经成熟。因此就应开口要求，要求听众去参加捐助、选举、写信、购买、抵制等等，任何你想要他们去做的事。不过，请务必遵从以下原则：

（1）要求听众做明确的事。

（2）要求听众做能力之内的反应，尽量使听众易于根据请求采取行动。

3. 简洁而真诚的赞扬，诚恳而恰如其分的赞美征服人心

"钢铁大王"安德鲁·卡内基最得意的助手查里斯·施科伯先生，有一次在纽约宾夕法尼亚协会演讲时说："我们宾夕法尼亚州应该领导推进时代的巨轮，因为它是生产钢铁最多的一州，也是世界最大的铁道公司之母，是美国第三大农业州，是美国商业的中心。所以宾夕法尼亚州是我们企业的基石，它的前途远大，

做领袖的机会尤多，绝非别州所能及。"

施科伯就以上这几句话结束他对纽约宾州协会的演讲。他的演讲结束之后，听众感到愉快、高兴，并对前途充满乐观。这是一个比较完美的结束方式。但是，要使这种方法生效，必须有诚恳的态度，同时又不可夸大其词，以避谄媚之嫌。否则，稍露做作之态，难免被人看成虚伪。

4. 幽默使结尾更富情趣

乔治·柯赫说："你必须将'再见'说于听众的微笑中。"你能做到这一步，可说结尾的技巧已经十分纯熟。

如果你能经常这样做，你将会收到良好的效果。有一次，乔治对一群公理会的教徒演讲关于约翰·维斯莱墓园的维护问题，这个题目极为严肃，大家都想不出有什么好笑的。然而，乔治却很聪明的做到了。我们且看他是怎样做到的：

"我很高兴各位已经开始整修他的墓园。这一座墓园应该受尊敬。他极其厌恶任何不整洁及不干净的事物。他曾说过：'永远不要叫谁见到一位衣装褴褛的公理会教徒。'由于他这个主张，所以至今诸位永远不会看到衣服褴褛的教徒，如果你们让他的坟墓倾颓，那便是极端不敬。各位都记得，有一次他经过德比夏郡某处时，一名女郎奔到门口，向他喊道：'维斯莱先生，上帝保佑你。'他的回答说：'年轻的女郎，要是你的脸蛋儿和衣裙清洁些，那你的祝福当更有价值了。'这就是他厌恶不整洁的一种表示，所以我们也不能让他的坟墓不整洁。倘使他的灵魂在这里经过，见到了不整洁的坟墓，那他将比任何事都更都令他伤心。这是一座值得纪念而崇敬的圣墓，你们必须要好好加以看护，这是你们的信仰寄托之所在。"

5. 引用诗文名句，增加结尾力量

演讲结尾的各种方式，如果做得恰当，最容易讨好的，莫过于用幽默语的引用名句了。引用适当的诗文的名句来结束，是最理想的，最能显示你那高尚和清逸。

世界扶轮社社长哈里·劳德先生，在爱丁堡大会席上对美国扶轮社的代表演讲，演讲词的结尾是："你们回去之后，就会寄给我一张明片的。即使你们不寄的话，我也必要给你们每位寄一张，而且你们很容易猜到是我寄的，因为在上面不贴邮票。我将在上面写着：'季节自来自去，万物按时凋零，唯有那——我对你们的仁爱，永远像鲜花般的艳丽芬芳。'"

这首短诗很能配合他演讲时的气势。因此，这段结尾对他来说，是极为合适的。

6. 步步加强，激发高潮

激发高潮是很普遍的结束方法。但高潮通常很难控制，如果处理得当，这种方法是相当好的。它逐步向上发展，在结尾时达到高潮，句子的力量也愈来愈强烈。以下面这段话是林肯作为他向美国南部人民发表就职演讲时的结束语：

"我痛恨发生冲突。我们不是敌人，而是朋友，我们绝对不要成为敌人。强烈的情感也许会造成紧张情势，但绝对不可破坏我们的情感和友谊。记忆中的神秘情绪从每一个战场及爱国志士延伸到这块广大土地上的每一颗活生生的心及每一个家庭，将会增加合众国的团结之声。到时候，我们将会，也必然会，以我们更佳的天性来对待这个国家。"

这段话中呈现出友善的高潮，表现出纯美境界及如诗的口才。

由此可见，演讲要获得全面的成功，一定要精心设计好结尾。正所谓"意尽而言止，天下之至言，然而言止而意不尽，尤为极要。"精妙的结尾既是整个演讲的结束，也是演讲的高潮；既铿锵有力，又余音绕梁；既激动人心，又发人深思。

【卡耐基箴言】

◆ 在演讲中，结尾是最具战略性的一点。当一个演讲者退席后，他最后所说的几句话，犹在耳边回响，这些话将被保持最长久的记忆。

◆ 精妙的结尾既是整个演讲的结束，也是演讲的高潮；既铿锵有力，又余音绕梁；既激动人心，又发人深思。

· 第六章 ·

出奇制胜的谈判魅力口才

谈判,既要"谈"又要"判"。所谓"谈",就是运用口才借以表达思想观点;所谓"判",就是判断,即对各种信息进行分析、综合,做出判断。然后,再运用口才表达出判断结果。谈判双方或多方总是这样借用口才不断思考,判断信息,循环往复,达成协议。所以,谈判的整个过程也就是运用口才的过程。

1. 掌握谈判中提问的艺术

谈判中常运用提问的技巧作为摸清对方真实需要、掌握对方心理、表达自己观点进而通过谈判解决问题的重要手段。如何"提问"是很有讲究的。重视和灵活运用提问的技巧，不仅可以引起谈判双方的讨论、获取信息，而且还可以控制谈判的方向。

一、提问在谈判中的重要作用

提问是谈判中经常运用的语言表达方法，恰当的提问往往能引导谈判者寻找很多机会，并打破僵局，使谈判走向成功。愚蠢的提问有时会误导对手，不利于谈判的正常进行。因此，提问在谈判中具有极其重要的作用。

1. 提请对方注意

提问可以为他人的思考提供既定的方向，建立自己的观点和对方意见之间的联系，从而很自然地会把对方的注意力吸引过来。例如："今天天气很好，是不是？""你能否告诉我……"由于这种问话往往得到的是期望之内的回答，问话的内容也比较明确，很少引起别人的紧张和焦虑。许多时候是为谈话做铺垫的。

2. 获取更多信息

提问是谈判者获得对方信息的最直接、最有效的手段。当谈判者对对方的情况不完全了解和对自己掌握的情况要求证实时，可以直接采用提问的方式，获取自己想要得到的信息。例如："这个卖多少钱？""你们对这一点是怎么考虑的？"这类问话归结起来，有一典型的、常见的引导词，如"谁"、"什么"、"怎么"、"哪个方面"、"是不是"、"会不会"、"能不能"等等。

在发出这种提问时，谈判者应事先把自己如此提问的意图示意对方，否则，很可能引起对方的焦虑。

3. 传达消息，说明感受

有许多问题表面上看起来似乎是为了取得自己希望的消息或答案，但事实上，却同时把自己的感受或已知的信息传达给对方。例如："你真的有信心在这里投资吗？"这句问话像是要对方回答保证投资的承诺，但同时也向对方传达了问话人担心投资有问题的信息，如果再加重语气，就说明你十分重视这一问题。这样的问题也给对方一定的压力，但切忌不要形成威胁。

4. 增进沟通，活跃气氛

谈判是一个双方沟通的过程，为了避免沟通时出现障碍，保证顺畅、融洽，不妨在谈判中运用提问，即采用带有征求询问性质的提问来表达自己的要求，因为问话包含着征求询问的性质，是表示尊重对方的意思，最能博取对方的好感。所以说"关于我的意见，你有什么看法呢？"永远比"关于我刚才说的，你好好地想想吧！"更加容易让对方接受。

双方沟通实际上就是思想交流，而交流是双方面的，必须双方共同努力。提问可以促使双方彼此充分理解，搞清分歧的关键并使之不再进一步扩大，进而找出绕过分歧继续谈判的办法来。

5. 引领话题导向，控制谈判进程

提问在谈判中处于主动地位，它是引起话题的动因，它能够决定和引导着谈话的方向，控制着谈判的进程。谈判中可以通过巧问引出话题，或转移话题，使谈判向着有利于自己的方向发展。当谈判气氛渐趋紧张、大脑有运转不过来的感觉时，提问可以放慢谈判速度，给你以喘息的机会，让你重新组织思路，发动新的攻势。

二、掌握谈判中的提问技巧

有这样一个有趣的小故事：

一位教士在做礼拜的时候，忽然禁不住烟瘾，便问主教："我祈祷时可以抽烟吗？"结果遭到了呵责。其后又有一位教士也发了烟瘾，却用另一种口气问主教："我吸烟时可以祈祷吗？"主教一笑，竟答应了他的要求。

同样的问题，不同的问法，得到的却是两种截然不同的结果，这就是问话的技巧。由此可以看出，提问是谈判中掌握主动的重要手段，要想获得谈判的成功，必须学会和掌握提问的技巧。

1. 把握好提问时机

什么时候问话、怎样问话都是很有讲究的。掌握好提问的时机，有助于引起对方的注意，掌握主动权，使谈判按照自己的意图顺利进行：①在对方发言结束后提问；②在对方发言停顿、间隙时提问；③在自己的发言前后提问；④在谈判议程规定的辩论时间里提问。

2. 提问要有针对性

谈判者提的问题一定要有针对性，也就是要提恰当的问题。提问应该把谈判引到某一个方向上去，而不能随意发问。如果按问题规定的回答方式能够得到使对方接受的判断，那么这个问题就是一个恰当的问题，反之就是一个不恰当的问题。如果你了解到对方可能对某个问题产生了怀疑，你可以用提问的方式去引导他把自己的疑惑说出来，然后找到合适的说辞进行有针对性的说服。

3. 提问须审慎明确

首先，提问的人应该明确自己问的是什么。如果你要对方明确地回答你，那么你的问话也要具体明确。提问一般只是一句话，因此，语言一定要准确、简练，以免使人含混不清，产生不必要的误解。

其次，注意问话的措词。提问容易使对方陷入窘境，引起对方的焦虑与担心，所以措词一定要慎重，不能有刺伤对方、为难对方的表现，否则问话就会产生相反的效果了。

最后，提问前要进行必要的思考和准备。思考的内容包括"我要问什么"、"对方会有什么反应"、"能否达到我的目的"等等。必要时也可先把提问的理由加以解释，以避免意外的麻烦和干扰，达到问话的目的。

4. 分析提问对象的特点

在谈判中，参加人员情况不尽相同，因此提问时一定要考虑对方的年龄、职业、性格、身份、知识广度、文化背景以及生活经历等各方面的因素。如果对方性格坦率耿直，提问就可以简洁；如果对方爱挑剔、喜欢抬杠，提问就应该周密；如果对方羞涩，提问就要含蓄；如果对方急躁，提问就要委婉；如果对方严肃，提问就要认真；如果对方活泼，提问就可以诙谐幽默，不可千篇一律。

总之，掌握以上种种提问的技巧和方法，针对不同的谈判需要，恰当巧妙地发问，会给谈判的成功带来意想不到的效果。

【卡耐基箴言】

◆ 提问是谈判中经常运用的语言表达方法，恰当的提问往往能引导谈判者寻找很多机会，并打破僵局，使谈判走向成功。

◆ 重视和灵活运用提问的技巧，不仅可以引起谈判双方的讨论、获取信息，而且还可以控制谈判的方向。

2. 谈判中让步行为的取舍

商人谈判的关键是得失问题，谁都想在谈判中，从对方那里得到一点利益。谈判的双方就好像一对棋手，在棋盘上布局，都在寻求制胜术，"有失必得，有得必有失"是下棋的自然现象，有时弃子夺先，有时失而复得，商人谈判也不例外。

美国南方某市工艺品公司作为供货方同纽约州的商人亨利·博莱斯克先生就工艺品买卖进行谈判。第一轮商谈，工艺品公司谈判人员坚持800美元一件，态度十分强硬，而亨利先生只出600美元的价格，且亦是毫不示弱。谈判进行了两日，没取得任何进展。亨利先生提出休会后再谈一次，若还不能取得共识，谈判只能作罢。供货方坚决不退让，眼看谈判即将破裂。

第三天谈判继续开始，双方商定最后阶段谈判只定为3个小时，因为没有办法破解僵局，再拖延下去只能是浪费时间。谈判进行了两个多小时仍是毫无进展。在谈判还剩下最后10分钟时，双方代表已做好退场准备了，这时工艺品公司首席代表突然响亮地宣布："这样吧，先生们，我们初次合作，谁都不愿出现不欢而散的结局，为表达我方诚意，我们愿把价格降至640美元，但这绝对是最后的让步。"一下让了160美元，交易似乎应该到此举杯祝贺了。可是亨利先生又发出了一手"怪招"。他说："我本是制造工艺品起家的，历经多年的打拼才成就了今天的成功。我们交个朋友吧。说心里话，这批产品每件售价640美元，贵公司有点亏，我心里也不愉快。做生意讲究来日方长，这样吧，每件我提价5美元。"这一"怪"招，令供货方始料未及。

等合同正式签字生效后，工艺品公司首席代表向亨利先生询问提价的缘由。亨利先生说："我主要从事工艺品进出口贸易，产品行销海内外，而且近期A国将举办工艺品展销会，这批产品很热门，一定能获得较大收益。我将每件产品提价5美元，并非没有顾虑，虽然这次少赚了点儿，但贵公司对此将产生强烈印象。我们双方日后还要长期交往，一旦有求于你们，我想你是乐意尽力协助的。对蝇头小利锱铢必较，势必使对方产生反感，即使生意做成了，也并不愉快。表面看是赢家，实则是因小失大的输家。"好一个精明之举！

汽车大王亨利·福特曾说："如果成功有秘诀的话，那就是站在对方的立场来考虑问题。"谈判的目的是达成预期目标、实现合作，一些人总是谈判破裂，这与他们不懂得如何做人有很大关系。而一个成熟的谈判好手，总是新招迭出，屡建奇功，其谈判战略，往往来源于谈判者的远见卓识和胜人一筹的独到见解。

谈判本身是一个理智的取舍过程。如果没有舍，也就不能取。一个高明的谈判者，除了知道何时该抓住利益外，还要知道何时放弃利益。这便是有取舍的让步。让步是达成一个有效合约所不得不采取的步骤。

从某种意义上说，让步是谈判双方为达成协议而必须承担的义务——谈判各方要明确己方所追求的最终目标，以及为达该目标可以或愿意做出哪些让步。让步本身就是一种谈判策略，它体现了谈判人员通过主动满足对方需要的方式来换取自己需要满足的精神实质。

谈判中，每一次让步，不但是为了追求自己的满足，同时还要充分考虑到对方的最大满足。谈判双方在不同利益问题上相互给予对方让步，以达成谈判和局为最终目标。为了达到最终目标，我们需要实施一些具体策略。

1. 互利互惠的让步策略

互惠的让步策略是指以己方的让步换取对方在另一问题上的让步策略。谈判不会是仅仅有利于某一方的洽谈。一方作出了让步，必然期望对方对此有所补偿，获得更大的让步。争取互惠式让步，需要谈判者具有开阔的思路和视野。除了某些己方必须得到的利益需要坚持以外，不要太固执于某一个问题的让步，而应统观全局，分清利害关系，避重就轻，灵活地使本方的利益在某方面能够得到补偿。

为了能顺利地争取对方互惠互利的让步，谈判人员可采取以下技巧：

（1）当己方谈判人员作出让步时，应向对方表明，作出这个让步是与公司政策或公司主管的指示相悖的。因此，己方只同意这样一个让步，即贵方也必须在某个问题上有所回报，这样我们回去也好有个交代。

（2）把己方的让步与对方的让步直接联系起来，表明己方可以作出这次让步，只要在己方要求对方让步的问题上能达成一致，一切就不存在问题了。

2. 远利近惠的让步策略

远利近惠的让步策略是指以未来利益上的让步换取对方近期利益上的让步策略。比如：当对方在谈判中要求己方在某一问题上作出让步时，己方可以强调保持与己方的业务关系将能给对方带来长期的利益，而本次谈判对能否成功地建立和发展双方之间的长期业务关系是至关重要的，向对方说明远利和近利之间的利害关系。

在谈判中，参加谈判的双方均持有不同的愿望和需要，自然也就表现为对谈判的两种满足形式，即对现实谈判交易的满足和对未来交易的满足。因此，对于谈判人员来说，可以通过给予其期待的满足或未来的满足，而避免给予其现实的满足，即为了避免现实的让步而给予对方以远利。

3. 丝毫无损的让步策略

丝毫无损的让步则是指在谈判中，当对方就某个条件合理地要求己方作出让步，而对方不愿就此问题作出实质性让步时，所采取的一种策略，即认真倾听对方的意见，肯定其要求的合理性，满足其自重感，保证其条件待遇，迎合人们普遍存在互相攀比、横向比较的心理。

谈判是具有一定艺术性的。人们对自己争取某个事物的行为的评价并不完全取决于最终的行为结果，还取决于人们在争取过程中的感受，有时感受比结果还重要。

在谈判中，为了达成协议，让步是必要的。但是，让步不是轻率的行动，必须慎重处理。成功的让步策略可以起到以局部小利益的牺牲来换取整体利益的作用，甚至在有些时候可以达到"四两拨千斤"的效果。

【卡耐基箴言】

◆ 谈判本身是一个理智的取舍过程。如果没有舍，也就不能取。一个高明的谈判者，除了知道何时该抓住利益外，还要知道何时放弃利益。

◆ 让步本身就是一种谈判策略，它体现了谈判人员通过主动满足对方需要的方式来换取自己需要满足的精神实质。

3. 细节往往是成功之所在

我们都知道，在谈判尤其是大型的商业谈判中，在还没有进入到会谈的阶段之前，谈判双方在心中就已经有了一个大致的目标和方案。这个目标和方案就构成了谈判中的"焦点",因此,谈判中最重要的,就是能把握好这个中心点,控制好谈判的进程,使之朝着有利于自己的方向发展。

然而,大凡谈判高手,在掌控大局的同时,也都特别关注细节。因为,谈判过程中很多细节能帮你做出一些有利于己方的判断,进而为己方争取到更大的利益空间。

那么,在谈判过程中,需要注意的细节都有哪些呢?如下,与您分享谈判中需要注意的三大细节。

一、倾听弦外之音,发掘言外之意

在面对面谈判的场合,"倾听"是谈判者所必须具备的一种修养。"倾听",是认认真真地听。这里所谓的"倾听",不仅是指运用耳朵听觉器官的听,而且是指运用自己的心去为对手的话语作设身处地的构想,并用自己的大脑去研究判断对手的话语背后的动机。因此,谈判场合的"听"是"倾听",即"耳到、眼到、心到、脑到"四种综合效应的"听"。

美国谈判界有一位号称"最佳谈判手"的考温,他非常重视倾听的技巧,并从他丰富的谈判实践中,总结出倾听是谈判中获取情报的重要手段的结论。他举过一个生动的例子:

有一年夏天,当时他还是一名推销员,他到一家工厂去谈判。他习惯于早到谈判地点,四处走走,跟人聊天。这次他和这家工厂的一位领班聊上了。善于倾听的考温,总有办法让别人讲话,他也真的喜欢听别人讲话,所以不爱讲话的人遇到了考温,也会滔滔不绝起来。而这位领班也是如此,在侃侃而谈之中,他告诉考温说:

"我用过各公司的产品,可是只有你们的产品能通过我们的试验,符合我们的规格和标准。"

后来边走边聊时,他又说:

"嗨!考温先生,你说这次谈判什么时候才能有结论呢?我们厂里的存货快用完了。"

考温专心致志地倾听领班讲话,满心欢喜地从这位领班的两句话里获取了极有价值的情报。当他与这家工厂的采购经理面对面地谈判时,从工厂领班漫不经心的讲话里获取的情报帮了他的大忙,他在谈判中的成功是自然而然的了。

美国有句谚语:"用十秒钟时间讲,用十分钟时间听。"在谈判中,通过倾听来获取情报是一种行之有效的方法。标准的倾听,是不允许同时构想自己的答辩的,而应该注意其话语所蕴涵的观念、需求、用意和顾虑,主动地给对方以反馈,即以面部表情或动作向对方示意你对他的话语的了解程度,或请对方明白阐释,或请复述。同时,要随时留心对方的"弦外之音"。

二、掌握"举重若轻"和"举轻若重"的策略

谈判时,说话要瞻前顾后,不能顾此失彼,更不可前后矛盾。对说出的关键词、关键数字和关键性问题要牢记不忘,以免说出相矛盾的语言,引起对方的猜疑而导致被动。同时,要尽量把对方的思维方式引导到你的思维方式上来,学会举重若轻或举轻若重。

所谓"举重若轻",就是在讨论重大问题,难点问题或双方分歧较大的问题时,可以用轻松的语言去交流,这样就不至于把谈判双方的神经搞得过于紧张,甚至引发谈判的僵局;所谓"举轻若重",就是对那些双方分歧不大,甚至一些无关紧要的小事,倒可以用严肃认真的神态去洽谈,一是可以表明你认真负责的谈判态度,二是可以利用这些小事冲淡或化解关键的分歧。

在谈判中,有关原则性问题要寸步不让,但又要讲语言技巧。最好是运用幽默的语言可以把说话者的本意隐含起来,话中有话,意在言外,较之正面批驳,收效更大。

一家商场与供货商就产品的质量问题展开了激烈的谈判。供货商拒不承认其产品存在质量问题,拒不承担应对用户所负的赔偿责任,反而厚着脸皮大吹、特吹其产品所具备的优良性能。商场的主管经理没有正面予以驳斥,而是笑着对供

货商说："老兄，什么时候开发的新产品啊？""新产品，什么新产品，这不就是一直卖给你们的产品吗？""不会吧，你一定是记错了，"说着，经理扬了扬手中质检部门的检验证明，"你们卖的产品不但质量有问题，而且也不具备你所说的性能，怎么会是你介绍的产品呢？别开玩笑了。"说着，哈哈大笑。供货商无言以对，只能尴尬地陪笑。

所以，在谈判的时候，只要方法利用得当，就能达到同样的谈判目的。

三、炼就火眼金睛，识破谈判谎言

谈判是富有竞争性的合作。虽然不是对弈，不是战争，但是谈判也绝不是找朋友，推心置腹。谈判虽然是遵循互利互惠的原则，但双方皆赢的利益结果很难对等。在这种双赢的游戏中，就允许双方施展谋略，寻获更多利益。因此，谈判是双方在进行斗智，诡计甚多，不可尽言，每一个谈判者都要提高警惕。

法国与美国某公司谈判一个大项目。在谈判了十天左右后，仍无丝毫进展，于是法方代表在一次发问后告诉美方代表乔治·马丁说："我只剩下两天时间了，希望贵方能在次日拿出新的方案。"

次日上午，乔治·马丁提出新方案，要求法方在原基础上再降价5%。法方代表说："马丁先生，我方已两次降价，共计15%，还要再降5%，实为难事。"谈判进行得十分艰难，几番唇枪舌剑双方仍未达成共识。最后，法方代表说："为表诚意，我方已到降价底线，请贵方三思后于明天中午予以答复，否则合作将被取消。因为公司临时有事，急召我回国，我已订好了明天下午两点的机票。"说着，他把机票从包里拿出来亮了一下。

经再三研究，马丁认为法方价格仍高出3%，但能否继续压价呢？公司急需这套产品，如果法方代表真的回国，因为3%的差价使谈判失败，将给公司带来更大的损失。于是，马丁一边向上级汇报详情，一边派人调查明天下午两点是否飞往法国的航班。

结果该日下午两点没有去欧洲的飞机，马丁认为法方只是在演戏，由此判定法方可能仍有降价余地。于是,他在次日上午给法方代表打电话说:"我们很赞赏贵方的诚意,但双方仍有距离,需要进一步努力。作为响应,我方可以在贵方改善的基础上让步2%,即贵方再降价3%。"

法方在听到马丁的改进意见后,又重新回到了谈判桌上,最后以再降价2%的条件达成了共识。

从这个例子中,法方之所以被动,是因为回国谎言在事实面前不堪一击,而美方由此识破法方的诡计,赢得了谈判的主动权。所以说,炼就一双火眼金睛,探测对方的虚实,在谈判中实为重要。

总之,谈判的关键往往蕴藏在细节之中,因此要注重每一个细节,用心去思考,以理智来判断,以客观事实为基础,才能不为他人所制,真正地稳操胜券。

【卡耐基箴言】

◆ 要注意细节,这对谈判者而言,是为了捕捉对方信息的需要。

◆ 大凡谈判高手,都特别注意细节。因为,谈判过程中很多细节能帮你做出一些有利于己方的判断,进而为己方争取到更大的利益空间。

4. 软硬兼施,能方亦能圆

在谈判中,一味地用和气、温柔的语调讲话,一个劲地谦虚、客气、退让,有时并不能让对方信赖、尊敬及让步,反而会使一些人误认为你必须依附于他,或认为你是个软弱的谈判对手,可以在你身上获得更多更大的利益。

相反,如果一开始就以较强硬的态度出现,从面部表情到言谈举止,都表现出高傲、不可战胜、一步也不退让,留给对方的也将是极不友好的印象。这样会使对方对你的谈判诚意持有异议,从而导致失去对你的信赖和尊敬。那么,正确的方法应该是怎样的呢？

美国著名企业家霍华德·休斯从外表看起来就是一个极其严肃的人，有一次，休斯为了大量采购飞机，亲自与飞机制造商的代表谈判。休斯要求在条约上写明他所提出的34项要求，其中11项要求是没有退让余地的，但这对谈判对手是保密的。

谈判充满了火药味和极不友好的气氛——休斯态度强硬，没有任何退让和商量的余地，对方也不甘示弱，寸利必争。最后，飞机制造商的谈判代表相当恼火，竟然把休斯赶出了谈判会场，双方不欢而散。

后来，休斯派了他的私人代表出来继续同对方谈判。他告诉代理人说，只要争取到34项中的那11项没有退让余地的条款就心满意足了。这位代理人经过了一番谈判之后，争取到其中包括休斯所说的那非得不可的11项在内的30项。

休斯惊奇地问这位代理人，如何取得如此辉煌的胜利时，代理人回答说："那很简单，每当我同对方谈不到一块儿时，我就问对方：'你究竟是希望同我解决这个问题，还是要留着这个问题等待霍华德·休斯同你解决？'结果，对方每次都接受了我的要求。"

休斯的面孔及其私人代表的面孔分别看来并无奇异之处，合二为一则产生了奇特的妙用，这便是软硬兼施的奥妙所在。强硬与温柔相结合，能使人的心态发生很大变化。强硬会使对方看到你的决心、力量和不可欺，温柔则可使对方看到你的诚意、信任和友谊。在商业谈判中，软硬兼施的策略被谈判者普遍采用——凭软的方法，以柔克刚；借硬的手段，以强制胜。

1923年5月，柯伦泰被任命为苏联驻挪威的全权贸易代表。

当时，苏联国内急需大量食品，柯伦泰奉命与挪威商人洽谈购买鲱鱼。挪威商人十分清楚苏联的情况，想乘机敲竹杠，索价十分高。柯伦泰竭尽全力与他们讨价还价，但双方距离较大，谈判陷入僵局。柯伦泰心急如焚，她很清楚，哀求是没有用的；态度强硬只能导致谈判破裂。她冥思苦想，终于心生一计。

这天，她又与挪威商人会晤，以和解的姿态，主动做出让步。只见她十分慷慨地表示："好吧，我同意你们提出的价值。如果我国政府不批准这个价格，我愿意用自己的薪金来支付差额。"挪威商人惊呆了！

柯伦泰继续说道："不过，我的工资有限，这笔差额要分期支付，可能要支付一辈子。如果你们同意的话，就这么决定吧！"挪威商人们从来没听说过这样的事，也没有见过这样全心全意为国效力的人。他们被她的行为感动了，经过一阵子交头接耳之后，终于同意降价，按柯伦泰原先的出价签署了协议。

原本紧张的商业谈判，最后却因为一方的示弱发生了意想不到的改变。当谈话陷入僵局，双方各执一词、争执不下的时候，要想让谈判继续下去，一方就要做出让步。让步不是无谓的退缩，而是在谋划周全后，为了争取最大利益而做出的举动。

柯伦泰在双方分歧较大的时候提出，用自己的钱买挪威人手中的货物，还言辞恳切地询问对方的意见如何。这些话麻痹了对方的神经，以为她真的会按自己说的去做，没想到这只是柯伦泰的一种策略。而且，她最后说如果是自己付钱，恐怕要一辈子。

通常来讲，谈判双方实际上就是在讨价还价，但柯伦泰的"一辈子"让对方一时语塞，不知道该怎样回答，这就是一种硬。先软后硬让对方无所适从，柯伦泰正是看透了对手的这种心理，才在谈判陷入僵局时，掌握了主动，最后以较低价格签订合约。

无论生活中还是谈判桌上，当我们遇到类似于故事中那样局面的时候，不妨试用一下软硬兼施的谈判方式，熟练掌握，很可能会取得意想不到的好结果。

不过，要想在谈判中以软硬兼施的策略达到预期的目的，一定要注意如下两点：

1.当一个人扮演角色时，要机动灵活，如发起强攻时，声色俱厉不宜时间过长，说出的硬话要给自己留有余地。

2.当两个或两个以上的人扮演时，要密切配合，假戏真做，"硬"者要态度强硬寸步不让，但要言之有理，硬中有礼，强中有情，不要给人以蛮横的印象；"软"者要善于把握火候，审时度势，及时出场，请对方就范。

【卡耐基箴言】

◆ 在谈判中，一味地和气会让人得寸进尺，而一味地强硬又会让人望而却步，如果把两者合用起来，软硬兼施，对手对你的态度就会大不一样了。

◆ 有些人吃硬不吃软，有些人吃软不吃硬。实施软硬兼施的策略，再难攻的隔膜也能攻破。

5. 活用激将法，事半功倍

任何形式的谈判很少有能一帆风顺的时候，特别是在商业谈判中，由于诸多因素的不稳定，常常影响谈判的顺利进行。当谈判出现不利于自己一方的情况时，可采用一些特殊的语言刺激对方的心理或情感，从而引发对方的情绪波动和心态变化，并使这种变化朝着自己预期的方向发展以达到特定的目的。

新泽西州某橡胶公司进口了一整套价值200万美元的现代化生产设备，由于原料与技术力量跟不上，搁置了4年无法使用。后来，新任经理柯蒂斯决定将这套生产设备转卖给邻市的另一家橡胶公司。

正式谈判前，柯蒂斯了解到对方两个重要信息：该公司经济实力雄厚，但基本上都投入了再生产，要马上腾挪200万美元添置设备，困难很大；该公司经理虽有魄力但过于好胜，处处争强。对内情有所了解后，柯蒂斯决定亲自与对方经理进行谈判，以对方的弱点为突破口，先发制人。

"我有幸参观了贵公司的生产情况，收获不少。令我感受最深的是贵方现代化的管理方法和显著成效。对于你的魄力我可是亲眼所见了。有了你这样一位带头人，要不了多久，贵公司一定会跻身全国的先进行列的。"柯蒂斯非常真诚地说。

"多谢您的夸奖。我们公司的发展还少不了你们的帮助和指导呢。怎么样，你们那套设备可以放心地卖给我们吧？"

"贵公司的现状在国内还是可以的。至于转卖设备的事，我仍然心有疑虑。"

"您的意思是……"

"坦率地说吧，我有两个疑问：一是贵公司是否真有经济实力购买这样的先进设备？如果买了，是不是勉为其难；二是，贵公司是否有或者说能招聘到管理操作这套设备的技术力量？所以，我并不像原先考虑的那样，确信将设备转卖给贵公司，能使贵公司两年之内青云直上。"

"我们怎么会没有那样的经济实力呢？"对方公司的经理急了，他觉得受到了柯蒂斯的怠慢，他必须改变对方的这种看法和态度。于是，他用炫耀的口气向柯蒂斯介绍了该公司的经济实力和技术力量，表明该公司有能力购进并操作管理这套生产设备。

经过一番说明、论证，对方公司终于"成功"地买到了那套设备。

柯蒂斯丝毫没有表露出急于出售生产设备的迫切心情，而是从对方的弱点入手，以怀疑和否定对方购买和管理能力的方式激发了对方的购买欲。这就是激将法的妙用。

从心理学角度看，激将法运用了人们的心理代偿功能。即每个人都有自尊心、荣誉心，但有时由于某种原因，自尊心受到了自我压抑，出现自卑、气馁的状态，此时，正面开导与说服往往不能使之振奋，如果有意识地运用反面的刺激性语言贬低他、刺激他，反而可以使其自尊心从自我压抑中解脱出来，达到新的心理平衡以改变原有的状态，进而接受我们的意见和主张。

美国黑人富豪约翰逊决定在芝加哥为公司总部兴建一座办公大楼，出入无数家银行，但始终没贷到一笔款。于是决定先上马后加鞭，设法将自己的数万美元凑集起来，聘请一位承包商，要他放手建造，自己再想方设法筹集所需要的其余500万美元。

建造持续施工到所剩的钱仅够再花一个星期时候，约翰逊和大都会人寿保险公司的一个经理在纽约市一起吃晚饭。约翰逊拿出经常带在身边的一张蓝图准备摊在桌上时，保险公司经理对约翰逊说："在这里我们不方便谈，明天到我的办公室来吧。"

第二天，当约翰逊断定大都会公司很有希望给他抵押借款时，他说："好极了，唯一的问题是今天我就需要得到贷款的承诺。"

"你一定在开玩笑，我们从来没有在一天之内给过这样贷款的承诺。"保险公司经理回答。

约翰逊把椅子拉近经理，并说："你是这个部门的经理。也许你应该试试看你有无足够的权力把这件事在一天之内办妥？"

对方微笑着说："你这是逼我上梁山，不过，还是让我试试看。"

他试过以后，本来他说办不到的事儿终于办到了，约翰逊也在钱花光之前几个小时回到了芝加哥。

以激将法说服别人，务必找到并击中对方的要害，迫使他就范。就约翰逊的故事而言，要害就是那位经理对自己权力的尊严感。约翰逊在谈话中对经理的权力发出质疑，致使经理感到自己的权威受到挑战，因此，他决定尽心尽力地做好以证明给约翰逊看。

巧言激将，一定要根据不同的交谈对象，采用不同的激将方法，才能收到满意的效果。犹如治病，对症下药，才有疗效。如把药下错了，就是于人无益，或是置人于死地，反而使事情向更坏的方向发展。

当然，使用激将法要注意把握时机和分寸。如果出言过早，时机不成熟，反而容易使人泄气；出言过迟，良机错过，又成了"马后炮"，收不到良好的效果。另外，由于激将法要使用刺激性的语言，因此出发点一定要正确，要明显地体现对对方的尊重和信任。反之，如果出言过于尖刻，就会引起对立情绪，让人反感，甚至导致谈判的失败。

激将法有以下几种形式：

1. 明激法：针对对方的状态，直截了当地予以贬低，用否定性的言辞刺激他、刺痛他、激怒他。这样对方的自尊心就会受到很大的刺激，他会感到不服气、不认输，反过来用行动否定你的意见。

2. 暗激法：有意识地表扬他人，夸大第三者的优点，暗中贬低对方，激发其压倒或超过第三者的决心。其巧妙之处在于运用"旁敲侧击"的方法，通过言外之意委婉地传达刺激信息。实际上，人们都希望得到别人的尊重，如果朋友在自己面前有意夸奖第三者，显然会对他产生一种暗示性刺激，从而激发起好胜之心。

3. 导激法：激言有时不是简单的否定、贬低，而是"激中有导"，有明确的或诱导性语言，把对方的热情激发出来。

所谓"水激石则鸣，人激志则宏"，在谈判中，正确运用巧言激将法，一定能收到积极的效果。

【卡耐基箴言】

◆ 在谈判中，当谈判出现不利于自己一方的情况时，可采用一些特殊的语言刺激对方的心理或情感，从而引发对方的情绪波动和心态变化，并使这种变化朝着自己预期的方向发展以达到特定的目的。

◆ 以激将法说服别人，务必找到并击中对方的要害，迫使他就范。这种要害可以是权力、荣誉、能力等，只要我们善于寻找，就能激将有方。

6. 沉默有时是最好的武器

在谈判中，话语交锋是免不了的。有好口才，能言善辩，应对自如，确实能展现自己的风采，获得预期的谈判效果。但是在有些特定的环境里，好口才却未必能派上用场，喋喋不休，还会暴露自己的弱点，甚至说错话，反倒不如缄口不语。保持沉默往往更能表达出你的态度、倾向，取得最多的收益。

一家美妆产品供应商与一家合作的美容院发生了一些小小的不愉快。已经到了年底结算的时候，美容院仍有一笔贷款没有支付，而且看似他们也并没有要支付的意向。于是，追讨的任务就落在当初与这家美容院联络的销售员玛丽·克莱尔身上。

根据计算，美容院欠费共计2.5万美元，克莱尔把支付明细以书面形式传真给美容院的公关部。奇怪的是，对方对她的任何条件全部都不提反对意见，也没有同意的迹象。时间一天一天的流逝，对方依然没有明确的答复。

克莱尔此时在心理上有了一些变化，同时她不想被这件事耗费太多的时间和精力，她认为让步可以加快谈判的速度，于是，她降低了偿还要求，2万美元可以接受。这份传真如同泥牛入海般的音信全无。一个星期又过去了，克莱尔又准备再次让步了。

故事并未结束，我们分析一下双方的心理并尝试着预测事情的结局。

克莱尔的心理：克莱尔或许是工作中的一把好手，但在谈判方面却让人不敢恭维。在这个案例中她因为缺乏经验而犯了原则性的错误——未接到对方的建议之前就修改自己的主观猜测，没有任何真凭实据，还没搞清对方下一步的动向就随意地改变自己的思路，而且还是多次修改，这是谈判中的大忌。

这里我的建议是提出建议后马上闭嘴，而且是很长的一段时间，也许会对改善谈判处境产生意想不到的效果。

美容院负责人的心理：其实美容院方的策略选择是充满风险的，大有背水一战的意味。作为一个企业，她们更看中的是对外的形象。如果这件事一定要在法庭上才能见分晓，那么这对企业是百害而无一利的丑闻，赔钱对于企业来讲是小事一桩，而通过这件事对企业的影响却是巨大的，其损失程度很难用金钱来估量。

美容院决定私下解决并不代表会痛快地同意对方的要求，其负责人会考虑其他合作企业的感受，如果同意了克莱尔的赔偿要求怎么办？唯一的办法就是压低赔偿金额，让他们认为确实无利可图。因此这位谈判高手采取了沉默战术，搞得克莱尔分寸尽失，美容院几乎已经取得了谈判的胜利。

对美容院方谈判的方式的评价：综上所述，这个美容院并不是克莱尔想象的那般坚不可摧，也有致命的弱点，只不过他们掩饰得更好，毕竟是经验老到的谈判高手，在这件事的处理上确实有点处变不惊的大家风范。此次谈判美容院方获得阶段性的优势，是依靠合理的谈判策略和负责人的沉着，当然还有克莱尔的年轻。

在谈判开始前，美容院方没有任何优势所言，毕竟自己理亏在先，严格意义上讲是绝无胜算、败局已定。但奇迹就是发生了，随着谈判的深入，他们神奇地反败为胜，占据了绝对的优势，而且在正常情况下，这种优势会持续到谈判的结束。

法国谚语说："雄辩是银，沉默是金。"沉默是一种成竹在胸、沉着冷静的姿态，尤其在神态上更是要表现出一种优势在握的感觉。长时间的沉默会给人造成一定的心理压力，常常使人沉不住气。沉不住气的人在冷静的人面前最容易失败，因为急躁的心情已经占据了他们的心灵，他们没有时间考虑自己的处境，迫不及待地提出自己的观点和意见，以致让别人钻了自己的空子。

正因如此，许多心理战的谈判高手经常会利用"沉默"这张牌来打击对手，他们可以制造沉默，也有方法打破沉默，以达到预期目的。

一次，美国的一位非常著名的谈判专家替一家电影公司与保险公司交涉赔偿事宜。保险公司的理赔员首先发表了态度："先生，我知道你是谈判专家，一向都针对巨额款项谈判，恐怕我无法承受你的要价。我们公司打算出 2 万美元赔偿款，你觉得如何呢？"谈判专家表情严肃的沉默着。理赔员见他一直沉默，果然沉不住气了："抱歉，请勿介意我刚才的提议，我再加一点，2.5 万美元如何呢？"又是一阵沉默。"那 3.5 万美元如何呢？"谈判专家等了一会儿答道："3.5 万美元？嗯……电影公司可能接受不了啊！"理赔员开始显得有些不安了："好吧，再加一万，4.5万美元。"又是一阵难耐的沉默，谈判专家说道："嗯，我不知道。""那就5万吧。"理赔员痛心疾首地说……

最后，这件理赔案以8万美元达成协议，而电影公司原本只是希望能够拿到5万美元的赔偿金。在谈判专家的沉默策略中，保险公司顶不住压力，节节败退。"沉默是金"在这里可是得到了充分的体现。

沉默不仅能够迫使对方让步，还能最大限度掩饰自己的底牌。在正常的谈判中，对于同一个问题一般总会有两种解决方案，即你的方案和对方的方案，你的方案是已知的，如果你不清楚对方的方案，务必要设法了解到对方的方案再做出进一步的行动。

任何谈判都注意实效，要在有限的时间内解决各自的问题，有些谈判者口若悬河、妙语连珠，总能在谈判的过程中以绝对优势压倒对方，但恰到好处的沉默，就像得体的语言一样，同样可以取得奇妙的效果。正如纪伯伦的那句名言——"沉默是最难驳倒的论辩。"

【卡耐基箴言】

◆ 在谈判中先不开口，放弃主动权，让对方先尽情表演，或者是多向对方提问，并设法促使对方沿着正题继续谈论下去，以暴露其真实的动机和最低的谈判目标，然后再根据对方的动机和目标，并结合己方的意图，采取有针对性的回答。

◆ 在不了解对方底细的情况下，最好不要轻易开口，以免弄巧成拙，保持沉默，对方就无法知道你的真实想法；而对方却在明处，你可以就此揣摩对方的意图，逐步掌握主动权。

· 第七章 ·

左右逢源的职场魅力口才

驰骋职场,能力和态度固然重要,但懂得恰到好处地说话,也是取得成功不可或缺的因素,对于处理好与领导、同事和下属之间的关系非常重要。卓越的魅力口才,不仅能让你的职场生涯倍感轻松,更能让你名利双收。

1. 能说会道，掌握面试主动权

在人的一生中，为了得到自己真正想做的工作可能要参加求职应聘面谈，这时，你必须机敏灵活，能说会道。当你走进一间不熟悉的办公室，同许多陌生人握手，在那张具有战略意义的椅子上坐下时，你需要一种特殊的谈话技巧赢得这场战争。

在一次毕业生的洽谈会上，我亲眼目睹了一位不该沉默的时候沉默的小男孩失去了一次良机。那是一次大型的人才交流会，各路神仙会聚一堂，这无形中给学历低的人造成了莫名的压力，中专生在大学生、硕士生和博士生的眼里也许很渺小，在同样的竞争中，中专生也许不堪一击。但是，他们也不该沉默。

在一家化工公司的面试桌前，一位未曾张口脸就红了的大男孩拿着自己的自荐材料低头坐着，他不敢抬头正视面试人员。看得出来，用人公司对他的自荐材料很感兴趣，大男孩虽说是个化工学校的中专生，但他的一张张荣誉证书却说明了他不仅仅是中专水平的学生，唯一令人着急的是这个男孩一言不发，只等面试人员问一句，才很小声音的答一句，许多围观者急得恨不得替他说几句。用人单位原本有进一步洽谈的意向，但看到这位同学公关能力如此薄弱，几个面试人员也就失意地摇摇头说："我们再考虑考虑。"小男孩也惊慌的离开了面试桌，一头就消失在拥挤的人群，留给人们一个不大不小的遗憾。

毫无疑问，语言是在求职面试中与招聘人员沟通情况、交流思想的工具，更是你敞开心扉，展示自己知识、智慧、能力和气质的一个主要渠道。你的语言交流技巧非常重要，因为它能表现出你的成熟程度和综合素质的高低。

无论你是一个多么高明的求职老手，对于自己"钟情"单位的面试，虽然表面上要求你能从容不迫、侃侃而答，但内心里还是要步步为营，小心谨慎。其实，只要掌握一些看似微不足道的"细节"，你就能潇洒自如，维持面试的良好气氛，从而掌握主动权。

1. 善于打破沉默

面试之初，大多数时间都是保持沉默，不是应试者主动发言，而是等待面试官打开话匣。面试过程中，应试者又出于种种顾虑，害怕主动说话，结果使面试出现尴尬场面。即使有人偶尔打破沉默，语音语调也相当生硬，显得极不自然，与这种场面很不协调。其实，无论是面试前还是面试中，面试者主动致意或与对方交谈，都会给对方留下热情和善于沟通的良好印象。

2. 保持积极应答状态

在面试过程中，面试考官经常会提出一些让应试者难以作答的问题。对此很多人不是面红耳赤、表现拘谨便是敷衍几句，不从正面去回答考官提出的问题。

比如问：你为什么5年中换了3次工作？有人也许会以工作困难、上级不支持等为由，替自己辩护，而不是告诉面试官：从事不同的工作，可以增长自身的知识，以使得自己变得成熟起来。

3. 善于向面试官提问

面试中往往会遇到这种情况：不该问的你去问，而该问的不问。比如，有些人在面试中打断面试官谈话而提问，这就属于不该问。也有些人面试前对要提问的问题没有充分准备，等到有提问时不是没什么可问，便是所提的问题没有丝毫价值。事实上，一个善于提问的人表明他有较强的表达能力和思维能力，这种人会让面试官刮目相看。

同时，在面试中，如果对用人单位提出的问题，一时摸不到边际，以致不知从何答起或难以理解对方问题的含义时，可将问题复述一遍，并先谈自己对这一问题的理解，请教对方以确认内容。对不太明确的问题，一定要搞清楚，这样才会有的放矢，不致答非所问。

4. 勿与面试官过分"套近乎"

具备一定专业素养的面试官是忌讳与应试者套近乎的，因为面试中双方关系过于随便或过于紧张都会影响面试官的评判。过分"套近乎"亦会在客观上妨碍应试者在短短的面试时间内，作好专业经验与技能的陈述。

应试者最明智的做法是列举一至两件有根据的事情来赞扬所应聘的单位，让对方感觉到你确实对这家公司有极大的兴趣。

5. 面试结束巧妙收场

很多求职应试者不知该如何给自己的面试画一个圆满的句号，他们有的因成功的兴奋，或因失败的恐惧，会显得手足无措。

面试结束时，应试者不妨表达对应聘职位的理解；充满热情地告诉对方你对应聘的此职位感兴趣、并询问公司的下一步安排；最后应面带微笑和面试官道别，并对面试官的接待表示感谢。

【卡耐基箴言】

◆ 灵活机制，发挥自如，在面试中及做事的过程中，都是非常重要的。在做事过程中，常会有意想不到的状况发生，这时就需要你发挥你的机智来巧妙化解危机，以获得成功。

◆ 面试是推销自己、展示自己的机会。抓住这次机会，认真准备详细介绍自己，向他们证明你是最棒的人选吧。

2. 面试时如何巧妙"谈薪"

对职场人而言，薪酬是生活中永恒的话题。我们关注薪酬的出发点，并非所谓的金钱崇拜。换工作、买房子、休闲娱乐……生活中方方面面的决策都要考虑自己的荷包充实与否。

但是，薪酬谈判几乎对所有人来说都不是一个舒服的话题。特别是已经获得了一份让人艳羡的工作，大部分人不愿意对工资问题提出质疑，以免危及到已经到手的工作机会。

作为应聘者，你最好尽可能地推迟提及薪酬问题，并且要让对方意识到你手头有多个选择。同时你还要提出高于预期的要求，制造谈判空间，鼓励对方跟你进行谈判，从而获得更好的待遇。

在谈判过程中，薪酬是最为微妙的东西。用人单位都不想在那些自己请不起的应聘者身上浪费时间。而且他们也会在你过去的薪酬水平上大做文章，因为他们觉得这样可以降低你的薪酬期待。作为应聘者，你最好尽可能地推迟提及薪酬问题，直到对方确定你就是他们要找的人为止。这样你就可以很轻松地为自己争取到更好的待遇。

接下来我会教你在面试过程中该如何处理薪酬的问题。

1."你目前的薪酬水平如何"

对方不开口，千万不要主动提及这个问题，如果对方坚持要你回答，一定要讲出自己全部待遇的价值。你可以先算算你之前的薪水，除了底薪之外，将奖金、可报销的开支、甚至购车津贴、健康检查福利等都加起来，才能真正估算出自己的价值。

估算出来后，你可以看到，基本薪酬和公司提供的总福利待遇之间有着巨大的差距。如果你只是告诉对方你的基本薪酬，其实就是在无形中大大低估了自己的价值。

2."很抱歉，我们无法提供你所期待的薪酬"

这时候，你应该给对方写一封真诚的回信，最好能直接拨通对方人力资源主管的电话，告诉对方你的想法。谈判最好能面对面地进行，因为：

①面对面的时候，你可以更好地体会对方的身体语言；

②你可以让对方更加深刻地意识到你是认真对待此事的；

③一旦双方达成共识，你可以当场与对方握手成交。

如果采用写信的方式，在你的信中一定要提到以下几点：

①你发自内心地仰慕这家公司，而且你感觉这份工作是一个巨大的机遇，很想得到它。对你来说，唯一的障碍就是薪酬待遇；

②重新阐述你在这份工作上能够为公司做的贡献；

③告诉对方，你眼前还有一份工作机会，而且对方会付给你更高的薪水，但你还是想为这家公司工作。这样做会让你在谈判的时候变得更有优势，同时也会让人力资源主管更容易说服自己的雇主为你提高薪酬标准；

④提出高于你预期的薪酬要求，为你后来做出让步留下余地。记得要暗示对方你的条件是可以商量的，这样可以鼓励对方与你展开谈判。比如说你可以告诉对方："我觉得我完全可以拿到10万美元的年薪。但我可以稍微降低要求。"

⑤在提出薪酬要求的时候，不妨事先做些研究，从而让自己的要求更加公平合理；

⑥列出双方已经达成共识的要点。这样可以让人力资源主管意识到自己已经做了很多工作。这时他的潜意识会告诉自己一旦放弃你就等于浪费了自己的时间。

3. 口说无凭，立字为证

你正在犹豫是否应该让对方给你一份书面文件吗？这一点儿没错！你的新雇主与你一样希望双方的理解一致。所以一定要签订书面合同，要包含所有的细节。如果你所申请的是一份很高的职位，在书面文件上签字的最好是一位公司高管。

①除非迫不得已，千万不要告诉对方你上一份工作的待遇；如果不得不透露这一信息，一定要提及你的所有福利待遇；

②如果对方提出的待遇低于你的预期，最好能和对方约个时间，面对面再谈一下；

③在进行谈判时，要让对方意识到你手头有多个选择。要提出高于你预期的要求，但要暗示对方，你的要求是可以调整的，这样可以鼓励对方与你进行谈判；

④一旦双方达成共识，立刻签订书面合同，从而避免任何可能的误解。

谈判薪水时，不妨可以多要一点。

为什么应该多要一点？很简单，多要一点才有谈判的空间。如果在合理的范围内多要一点，你有机会得到比预期还高的薪水。

什么是在合理的范围内多要一点？例如，根据行情，要求更多的薪水；或是，之前公司给了你某种福利，而新公司没有，是否可以用薪资的提高来替代之前的福利。

如果求职者已经为自己留了谈判的空间，大多数公司并不会答应你的所有要求，也有可能全部不答应，但是如果你说出合理的原因，正常情况下，对方不会为难你。

在你认为对方给得起的地方下工夫，并提出自己很在意的部分。如果公司方面看法不同，你可以对其中一项让步，好让公司同意另一项，这是谈判的技巧。

谨记：谈薪资要注意把握时间。通常是在第二次面谈时谈薪资问题，第一次最好不要主动问，而是要问清这家公司的情况，所处的市场及其前景如何，自己将从事的职位的工作要求等。如果第一次面试时，公司面试官就询问，不妨参照以上内容以最委婉的方式进行谈判。

【卡耐基箴言】

◆ 有人认为薪酬只具有安抚性而没有多大激励性，但毫无疑问，它对吸引和保留员工非常重要。毕竟是只有最基本的生存需求得到了保障，人们才有精力和兴趣把工作做好，其他更高层次的激励方式才有发挥作用的空间。

◆ 尽管薪酬不是激励员工的唯一手段，也不是最好的办法，但却是一个非常重要、最易被人运用的最基本手段。

3. 与下属沟通的口才艺术

对管理者来说，与员工进行沟通是至关重要的。因为管理者要做出决策就必须从下属那里得到相关的信息，而信息只能通过与下属之间的沟通才能获得；同时，决策要得到实施，又要与员工进行沟通。再好的想法，再有创见的建议，再完善的计划，离开了与员工的沟通都是无法实现的空中楼阁。

有效沟通的目的在于传递信息、增进感情。如果信息没有被传递到每一位下属，或者下属没有正确地理解管理者的意图，沟通就出现了障碍。那么，管理者如何才能与员工进行有效的沟通呢？

1. 下达命令要明确具体

很多领导喜欢长篇大论，这往往导致在说完某件事情后，下属们完全不明白他想要表达的意思究竟是什么。这是因为领导在下属的心目中已经建立起了某种权威，他们说的每一个字、每一句话都会作为重要信息传达到下属的大脑里。正因为接受的信息过多，下属忽略了领导想要表达的重要信息。我并不想说这完全是领导者的责任，但是至少他应该承担大部分的责任。

清晰、明确地下达指令，这是对领导者的基本要求。这里指的明确并不是说指令多么详细，为下属每一步怎么做都安排得天衣无缝，那样就束缚了员工的积极性的发挥。明确的应是工作的目标、要求，对时间的期限和对质量的要求等。必须给下属以刺激，以便他牢牢记住。

因此，作为一个领导，在与下属交流沟通时可以语重心长，可以短话长说，而在下达命令时，必须言简意赅，不可模棱两可、含糊不清，必须给下属一个明确具体的指示，这样既便于下属的执行，又便于领导的检查。

2. 多激励少斥责

每个人的内心都有自己渴望的"评价"，希望别人能了解，并给予赞美。身为领导，应适时地给予鼓励、慰勉，认可褒扬下属的某些能力。当下属不能愉快地接受某项工作任务之时，领导会说"当然我知道你很忙，抽不开身，但这事只有你去解决，我对其他人没有把握，思前想后，觉得你才是最佳人选。"这样一来使对方无法拒绝，巧妙地使对方的"不"变成"是"。

这一劝说技巧主要在于对对方某些固有的优点给予适度的褒奖，使对方得到心理上的满足，使其在较为愉快的情绪中接受工作任务。对于下级工作中出现的不足或者是失误，特别要注意，不要直言训斥，要同你的下级共同分析失误的根本原因，找出改进的方法和措施，并鼓励他一定会做得很好。要知道斥责会使下属产生逆反心理，而且很难平复，对以后的工作会带来隐患。

积极的激励和消极的斥责，对于下属的影响就会是两种不同的结果，更重要的是心理上的影响，这是最根本的东西。

3. 随时和下属谈心

与员工谈心是最直接、最具亲和力的沟通方式。通过谈心，可以洞察员工心理的情绪波动，防患于未然。

为了使谈心达到应有的目的，首先要相信每个员工都是热爱企业的，即使他近来可能因为生活或是心情的问题而表现欠佳，也应该相信他是心存愧疚的。只有在这个基础上，谈心才能起到正面的交流作用。要做到成功地与下属谈心，应该注意以下几点：

① 确定目标。确立你谈话的具体目标，明确谈话的主题，列出你可能和对方交换、传达的信息，然后安排好谈话的时间和地点——我认为不应该固定时间和地点。

② 了解下属。彻底了解你谈话的对象。要从下属的角度出发考虑谈话中可能会出现的问题，以及谈话会对他产生的影响。

③ 引导谈话。将谈话引导到你的预定方向上去。当然，你可能也会得到很多意想不到的收获。

4. 对不同的人使用不同的语言

在同一个组织中，不同的员工往往有不同的年龄、教育和文化背景，这就可能使他们对相同的话产生不同理解。另外，由于专业化分工不断深化，不同的员工都有不同的"行话"和技术用语。而管理者往往注意不到这种差别，以为自己说的话都能被其他人恰当地理解，从而给沟通造成了障碍。

由于语言可能会造成沟通障碍，因此领导应该选择员工易于理解的词汇，使信息更加清楚明确。在传达重要信息的时候，为了消除语言障碍带来的负面影响，可以先把信息告诉不熟悉相关内容的人。比如，在正式分配任务之前，让有可能产生误解的员工阅读书面讲话稿，对他们不明白的地方先作出解答。

5. 语言幽默，轻松诙谐

领导与下属谈话，语言幽默，轻松诙谐，营造一个和谐的交谈气氛和环境很重要。领导和下属谈话时，可以适当点缀些俏皮话、笑话、歇后语，从而取得良好的效果。只要使用得当，就能把抽象的道理讲得清楚明白、诙谐风趣，会产生一种吸引力，使下属愿意和领导交流。

领导的语言艺术，对于下属来说，既是一种享受，又是一种激励，可以拉近上下级关系的距离。

【卡耐基箴言】

◆ 有效沟通的目的在于传递信息、增进感情。如果信息没有被传递到每一位下属，或者下属没有正确地理解管理者的意图，沟通就出现了障碍。

◆ 管理者如果没有了然于胸的"与下属沟通的好办法"，是很危险的。可在现实管理中，能关注并重视与下属沟通的管理者并不多，一半是仗着管理权威还在，一半则是因为没有沟通的好思路。

4. 与同事沟通的口才艺术

要在职场获得发展和成功，领导的支持非常重要，同时有良好的群众基础也很重要。同事既是工作中的伙伴，也是沟通的重要对象，良好的沟通可以让工作得心应手。那么在工作中怎样才能使沟通变得更加顺畅有效呢？

1. 观点明确

想要使自己与同事之间的沟通富有成效，那么在交流之前就要明确自己的观点，并有证明自己观点正确的理由。你的观念还要能让同事准确理解，顺利接受。反之，主题不清，观点不明，既浪费时间，又影响心情。

2. 端正态度

在办公室里与人相处要友善，说话态度要和气，要让人觉得有亲切感，即使是有了一定的级别，也不能用命令的口吻与别人说话。若与他人探讨，双方观点不尽相同，可以把此作为一个学习的机会，在有效的讨论中，增进彼此的了解，而不是证明自己观点的正确性。如果你很想证明自己是正确的，那么，你就不能容纳他人的观点。然而作为一个成熟的人，应努力从不同的角度看问题，特别是站在与你有不同观点的人的立场上看问题。这样可以扩大视野。

3. 善于倾听

办公室不是表现演讲才华的地方，不要夸夸其谈，喋喋不休，要懂得"沉默是金"的道理。一个时时带着耳朵的人远比一个只长着嘴巴的人讨人喜欢。

善于倾听是完美沟通的重要因素。在沟通中，把你的注意力集中在听他人所说的内容上，不仅不随意插话，不心不在焉，而且双目凝神，心无旁骛。主动倾听是一种投入的方式，一旦投入了就能产生兴趣。

积极倾听的作用很多，比如可以获得对自己有用的信息；容易把谈话继续下去；发现问题，处理异议；利于发表自己的意见；营造友好的沟通气氛等。一个人之所以会成功，因为他善于倾听，懂得比你多，因为他掌握了最新的成功资讯。

4. 真诚地赞美

在职场这个玄机暗藏的地方，你的每一句话都会直接影响到其他同事的心情。假如你发自肺腑地赞美自己的同事，就会在无形中增加自己的人气，减少许多陌生感和竞争意识，也就会给自己创设良好的发展空间。

工作中少不了赞美，但是赞美别人也是要有原则的，不然你就会有阿谀之嫌了。所以，赞美时用词一定要得当。注意观察对方的状态是很重要的一个过程，如果对方恰逢情绪特别低落，或者有其他不顺心的事情，过分的赞美往往让对方觉得不真实，甚至是厌烦。所以，一定要注重对方的感受。

5. 巧妙地拒绝

同事之间难免有工作上或者生活上的事情需要相互帮忙，但是有些时候你不得不拒绝对方的请求，这是让人为难的地方。

拒绝同事必须以维持你们之间的关系为前提。当你的同事打算请你办一件事情的时候，你可以告诉他你还有一些重要的事情要做，等把这些事情做完了，你才能帮他做这件事情。摆出你拒绝的原因，对方一定会理解你的。关于具体的拒绝的办法，可以参看我前面相关章节的内容。

6. 适当地运用幽默

幽默是沟通过程中非常重要的手段。为了活跃工作气氛，办公室里可能需要一些欢声笑语。你的一两句幽默话可能会起到这样的功效，也可以展示你的才华和个性。

幽默不仅产生笑料，更是一种修养。幽默是一种能力，能够增强自信、使你自然而然地成为交谈的中心；幽默更是一种智慧，能够帮助我们排忧解难。难以想象，一个不懂幽默的人会是一个很会说话的人。

7. 多补台不拆台

对于同事的缺点，假如平常工作时间不肯当面指出，但一跟外单位人员接触交谈时，却很容易失控而对同事大加品头论足、挑他们的种种毛病，甚至还恶意攻击，这样便影响同事的外在形象，时间长了，对自身形象也一样不利。要意识到，同事之间因为工作关系而汇集在一起，就应该有最起码的集体意识，以大局为重，自觉维护着已经形成的利益共同体。尤其是在与外单位人员进行交际时，头脑中要存有"团队形象"的观念，多补台不拆台，不要只为个人小利而损害了集体大利，努力做到"家丑不外扬"。

8. 避免在办公室里说的话

以下几个问题在办公室的闲谈中是应该尽量避免的：

① 四处打听同事的收入。

② 谈论同事间的人和事。

③ 张扬自己的家境。
④ 说自己和他人的私人情感。
⑤ 总爱提原来的单位。

【卡耐基箴言】

◆ 与同事保持良好的关系在工作中是非常重要的。同事之间关系融洽，心情就会很舒畅，这不但有利于很好地工作，而且也有利于自己的身心健康。

◆ 在职场上，人际关系对我们的工作有很大的影响，所以，在处理和同事间的关系上要深思熟虑，有自己的观点和见解，独立思考，把自己的工作和同事间的相处很好地结合起来，使效率最大化。

5. 与领导沟通的口才艺术

在职场上，与人沟通同样很重要，尤其是同领导的沟通。如果没有掌握一定的技巧的话，就有可能会得罪你的领导。不管在什么场合，都应当注意同领导沟通的技巧。在与领导沟通的时候，应当注意的是，领导也是普通人，他们也希望下属能够尊重他们，能够像同事一样同他们沟通。

作为员工，与领导打交道是常有的事情。大部分员工的感受都是"伴君如伴虎"，领导在员工心中永远都是不可捉摸的，无法猜透其意图。于是，员工总是战战兢兢，缩手缩脚，如履薄冰。其实，并非"老虎的屁股摸不得"，而是在于怎样"摸"，这就要求员工要掌握住与领导沟通的语言技巧。

1. 要拥有与领导沟通的主观意识

有人说"要当好管理者，就要先当好被管理者"。作为下属要保持主动与领导沟通的意识，领导工作往往比较繁忙而无法面面俱到，保持主动与领导沟通的意识十分重要，如果仅仅埋头于工作而忽视与上级的主动沟通，你的能力和努力就得不到上级的高度肯定。只有与领导保持有效的沟通，方能获得领导器重而得到更多的机会和空间。

2. 主动寻找与领导沟通的渠道

被管理者要善于研究上级领导的个性与做事风格，根据领导的个性寻找到一种有效且简洁的沟通方式是沟通成功的关键。当沟通渠道被外因所阻隔时要及时建立起新的沟通渠道，时刻让领导知道你在做什么，做到了什么程度，遇到了什么困难，需要什么帮助，所有这些都一定要让你的领导知道。永远不要期盼你遇到问题的时候，领导都能未卜先知且能及时伸出援助之手。

3. 善于领会领导的意图

领导一般是不喜欢反复啰嗦地下达指示的。善于领会领导的意图，既表明了你是一个精明的部下，也易引起领导的好感。如果一件事情需要领导反复交代，直到最后明确说出他的意图时你才茅塞顿开，那么你给他的印象也就不妙了。正因为如此，作为下属向领导汇报工作时应该简洁明了，避免拖泥带水、婆婆妈妈。其实，领导在听取你汇报同时也在考察你的工作能力和工作作风。

4. 乐于接受领导的批评

人们在工作中，由于各种各样的原因，不可避免地会出现一些失误。当然，要逃避领导批评是不可能的，这时你唯一应该采取的方法是诚恳地接受批评。

事实上，凡是有经验的领导，对于犯了较大过失的部下往往不会严厉地批评，因为他也为自己的过失而懊悔；相反，对于较小的过失，领导反而会严加责备，这是因为不想让他重蹈覆辙。当然，有时领导的批评也不一定完全正确，也可能与事实不符或带有成见或偏见，这时作为部下也不应直接顶撞，而应该很委婉地予以指正。比如说："很抱歉，我的看法与你的不尽相同。"然后，把你的想法解释一下，这样更有利于达到开诚布公地交流、沟通感情、澄清误会和解决矛盾的目的。

5. 让领导发现你的才能

一般来说，领导都不太喜欢平庸无能的部下，所以让你的领导知道你的工作能力、真才实学就显得非常重要。除非在某些可有可无的机构，否则仅有心地善良、态度认真、唯命是从等"特长"是不会受到领导器重的，而必须有"真本事"才行。如果你做事慢吞吞、谨小慎微、无法提高效率，那么无论你心地如何好，工作态度如何认真，领导也不会看重你。所以我们在工作中，对于领导交给的任务，不仅要一丝不苟地对待，更要干脆果断地圆满完成。如果你被领导认定是工作不紧不慢、萎靡不振、爱发牢骚或只会说恭维话的人，那么你就难以被器重。只有干出真实的成绩，才能让领导认为你是一个了不起的人。

6. 切忌轻易对领导许诺

要取得领导对你的信任，最重要的一点就是不要轻易对领导许诺。当领导交给你某一项任务时，这件事你还没有做，你自己也不知道能否在规定的时间内完成，如果你满口答应说"一定完成"，而最终又没有实现，那么领导对你的信任感就会减弱，因为人们总是信奉"一诺千金"的人。当我们对某项工作没有绝对的把握时，千万不要轻易向领导许诺；而一旦向领导作了"保证"，就一定要尽一切努力去向领导兑现你的诺言。

7. 杜绝阿谀奉承的态度

作为下属，对待领导当然要采取尊重的态度，对领导的工作要给予支持，对工作中的困难要予以体谅。但是对领导不要采取阿谀奉承、投其所好的态度。靠这种方式建立起来的关系，只能是一种庸俗化的人际关系。而真正有理想、有信心的人，只会靠自己的努力，凭借自己的才干达到自己的目的。

8. 对领导服从但不盲从

领导是管着别人的人，作为下属自然应该服从他。但是领导也是人，他也有考虑问题不周全、处理事情不周到的时候，这时下属就必须不盲从，要有自己的主见。如果事事都顺着领导，领导怎么讲就怎么做，这样建立起来的上下级关系就根本谈不上良好的人际关系。事实上，在一项措施尚未实施前发表意见，在决策执行过程中及时指出问题，在领导有明显失误时善意地提出批评、告诫，既是下属的权利和义务，又是证明自己的才干、获取领导好感的一条有效途径。

总之，在与领导沟通的时候，要注意一定的沟通技巧。不要盲目地与领导沟通，也不要没有任何原则地与领导沟通，否则容易让领导对你望而生厌，敬而远之，最终致使你的人生发展受限。所以，在职场上应当掌握与领导沟通的技巧，这样才可以保证你的职业生涯更加顺利。

【卡耐基箴言】

- ◆ 说话人人都会，但你的话是否说得动听、有效果却是不一样的。通过说话的过程给领导留下一个良好的印象，并不是每个人都可以做到。尤其是在与上司沟通的时候，善于利用说话的技巧就显得格外重要。

- ◆ 能够与上司进行很好的语言沟通，无论是为公还是为私都有很大的好处。在公事上，由于双方的宾主关系掺杂了一定程度的友谊，在合作上较为默契，这样就减少了许多不必要的误会，并且又提高了工作效率。在私事上，上司对下属的了解程度愈高，便愈能获得安全感，一切都在上司的掌握之中，调动自如。

6. 让你的批评容易被接受

管理者有对下属进行管理的职责，批评是管理的有效方式之一。如果管理者羞于批评，下属就不会明白他的错误在什么地方，更谈不上改正错误了。虽然有些管理者经常批评下属，但不见得下属就能心甘情愿的接受批评。

批评下属是一件不太轻松也不容易的事情，有时会令那些缺乏管理知识和经验的领导者感到无所适从。但是，谁都会犯错误，批评也是一种艺术。如果管理者不懂得如何批评下属，就有可能降低部门的工作效率，甚至影响整个团队的工作情绪。

1. 不要轻易批评

领导不能轻易批评下属，应该先反思自己是否有尽到领导的责任，要确认标准是否明确，提供的资源是否适用，是否给予必需的指导，流程是否清晰，部门职责是否明确，等等，这些都是领导应该承担的责任。作为一个领导，只有先深入到自己的内心，先发现自己身上存在的缺点，然后才能指出他人的错误和不足，使别人能心悦诚服地接受。

2. 避免公开批评

没有一个人喜欢当众承认错误，所以不要企图用权力让下属当众承认错误，即使他们口头承认了，心理也肯定不服，特别是在公开的场合。公开批评是对下属的自尊的毁灭性打击，容易引起自卫或报复性的行为，带来不良后果。

每个人都需要被尊重，被信任。员工是企业的财富，不是管理者的奴隶，如果他们犯了错误，最好不要用你手中的权力，而是用道理让其发自内心地信服。

3. 批评要具体

没有人愿意接受不明不白的批评，所以管理者在对下属进行批评时一定要具体。管理者要让下属明白是什么事情需要批评，批评的原因又是什么。在批评时，管理者最好能与下属一起分析事情的原因，并指出正确的方法。有时下属会强调是由于其他客观的因素造成的后果，与他本人无关。遇到这种情况，管理者不应一概否定下属的观点，应该从多个方面帮助下属进行认真的分析，让下属弄清楚问题的关键在什么地方。要记住：批评的目的不是责备下属，而是让他明白如何将事情做好。

4. 批评应对事不对人

在下属做错事的时候，领导的批评应当针对下属的行为，而不应针对下属本身。工作没有做好，是下属的能力有缺陷，但不是下属的人格有问题。人的基本素质是难以改变的。批评人的基本素质,事实上就是告诉下属:你已无法变好。一旦批评从事牵涉到人,就把问题扩大化了,会招致下属的反驳,也会使下属失去改正的希望,使其行为深陷迷茫状态。

批评应对事不对人。在批评前,先设法表扬一番,在批评后,再设法表扬一番,力争用一种友好的气氛结束谈话。如果你能用这种方式处理问题,那你就不会把对方臭骂一顿,就不会把对方激怒。

5. 批评必须是善意的

如果管理者的批评不是善意的,批评只能成为制造冲突的导火索。由于管理者可能长期对某位下属的工作不满,久而久之就会对这位下属产生个人的看法,如果这种个人的成见在批评时暴露出来,会让下属怀疑管理者批评的动机。批评本身就不是一件愉快的事情,所以管理者应该注意自己在批评时的态度,即便有些个人成见,也始终保持友善的气氛。

6. 批评必须实事求是

在批评之前,管理者最好能够对事件的过程进行认真而细致地调查。为了防止万一,在批评下属之前,应该让下属仔细地再将事情的经过复述一遍,并让他谈谈个人的看法。有时,你会通过下属的谈话发现一些你可能以前没有注意到的问题。如果这些问题没有得到解决,就不应该急于对下属进行批评。

另外,当事件涉及到几位下属的时候,管理者应注意对相关的下属都要进行相应的批评,而不是仅仅只批评其中的一个。如果批评有失公平,会引起被批评下属的强烈不满,甚至会产生对管理者的不信任。

7. 批评时要就事论事

在每次批评时,仅对一件事情进行批评。哪一件事有错就指出是哪一件,哪一个环节有问题就说哪一个环节,千万不能以偏概全,抹杀成绩。领导者要帮助下属提高认识,改正错误,做好思想工作,不应该把过去发生的和已经处理完的问题拉扯出来翻旧账。如果管理者连珠炮式的批评,会加大下属的对抗情绪,很伤下属的自尊心,可能会使事情恶化。这也是做领导的一大忌讳。

8. 小事避免批评

每个人都有自己的工作习惯和工作风格，管理者的批评应放在一些重大的事情或工作失误上，对一些小事吹毛求疵会让下属感觉非常不舒服。如果是因为工作习惯和风格不同而去批评下属，是非常错误的。

实际上，沟通是解决问题的最佳方法。大多数的错误不是由下属主观引起的，可能是多种因素的综合结果。管理者在批评下属时，也要认真地反省自己应该承担的责任。一味地批评别人，而不反省自己的错误，也是许多管理者的通病。

【卡耐基箴言】

◆ 只有先深入到自己的内心，先发现自己身上存在的缺点，然后才能指出他人的错误和不足，使别人能心悦诚服地接受。

◆ 批评要及时，要趁下属对错误行为记忆犹新时进行批评才会有效，如果不进行及时的批评，就构成对错误行为的纵容。

· 第八章 ·

无往不胜的推销说话技巧

在市场经济中,推销商品是企业走向市场的唯一途径。推销的过程,实际上是推销人员运用各种推销技巧,令顾客购买其商品或劳务的过程。俗话说:"十分生意七分谈",谈生意主要是一个"谈"字,而"谈"考验的就是说话技巧。

1. 幽默是推销员的通行证

推销员上门推销的难处在于他必须精神抖擞地闯进一个个陌生人的领地，而顾客也把他看作陌生人。一个合格的推销员应该具备很快接近顾客并打消其戒备和抵触心理的本事，而亲切的笑容和幽默的谈吐便是推销员的通行证。

有一个大学生为了缓解囊中之羞涩，便在元旦来临之际做起了推销明信片、贺年卡的小本生意。他的做法是到校园的学生宿舍去上门销售。

起初，他做得很不顺手。因为每年这个时候，市面上都有大量的同类商品在兜售，人们要买这种东西很方便，对上门推销的人往往不是很客气。当他敲开一个个宿舍门时，得到的回应经常是"不买"、"买过了"。在多次"闭门羹"的打击下，他在内心发出疑问："这样可不行！如此下去，所有名信片、贺年卡只有留给自己'消费'了，必须得想个办法才行。"

这一次，他以全新的姿态走向一间宿舍。他敲开门刚把手中的一打名信片晃了晃，就传出来一句含有抵触情绪的声音："不买不买，快走吧！"

他没有沮丧，更没有退却，而是微笑着走了进去，并很随和地说道："不买没关系，我只是请大家帮个忙。我是第一次干这活儿，没经验，想请各位指教一下，我进的货哪些比较好，哪些不受人喜爱。"说着他大大方方地从书包里拿出许多名信片和贺年卡，请屋子里的同学们指点迷津。

然而，出人意料的是，这些人竟变成了他的主顾。于是，他又充满自信地敲开了另一间房门："朋友们，打扰一下，元旦就要到了，需要这个吗？"

"不要，我们都买了。现在我们要休息了。"一个学生要将他拒之门外。

"那祝你们晚安。不过我建议你们在睡前欣赏一下我带来的艺术品，以此作为消遣。你们看，这里有世界各地的壮丽美景，各路明星的奇光异彩，看后肯定能做个好梦。"他语含幽默地一边说着，一边把东西展示给大家。结果，这一次他又收益颇丰。

作为一个成功的推销员，不仅要有丰富的知识、热忱的工作态度、良好的服务意识、非凡的勇气和韧性，还要有机智的幽默感。当然，这首先要有幽默的心态。

美国人赫伯·特罗在《幽默的力量》一书中提到这样一个生动的事例：

一次，一个老练的推销员带着一位对业务全然生疏、慌里慌张的实习推销员去推销收银机。这位前辈看起来并不潇洒：身材矮小、圆圆胖胖、红通通的脸，可是言谈举止间洋溢着一种幽默的活力。

当他们走进一家小商店时，老板粗声粗气地说："我对收银机没有兴趣。"

这时，这位推销员就倚靠在柜台上，格格地笑了起来，仿佛他刚刚听到了一个世界上最妙的笑话。店老板直愣愣地瞧着他，不知所以。

只见这位老推销员直起身子，微笑着道歉："对不起，我忍不住要笑。你使我想起了另一家商店的老板，他也同样说过此话，但后来却成了我们熟识的主顾。"

随后，这位老练的推销员一本正经地展示着他的样品，历数其优点，每当老板以比较缓和的语气表示不感兴趣时，他就笑哈哈地引出一段幽默的回想，又说某某老板在表示不感兴趣之后，结果还是买了一台新的收银机。

当时大家都看着这两位推销员。那位实习推销员感到十分窘迫，恨不得掉头就跑，他想："他们肯定会以为我们是一对傻瓜，而把我们赶出去。"可是那位老前辈继续哈哈地笑，把头埋在臂弯里，然后又抬起头来，把店老板的每一声拒绝都变成他对往事的幽默回想。

令年轻推销员惊奇不已的是，不一会儿老板居然同意买一台。于是两人搬进一台崭新的收款机，老推销员开始很在行地向老板介绍使用方法。

后来，这次经历对年轻推销员产生了神奇的影响。每当他遇到棘手的事情，就想起那位老推销员的形象，好像那圆胖的身材，微笑的脸庞又浮现在眼前，耳旁还响起那快活的、意义深远的笑声，于是他就有了对待工作的幽默力量。

推销从拒绝开始,这是推销员成功的秘诀。有经验的推销员能够以幽默的态度对待拒绝,并善于看破拒绝的真正原因,然后巧妙地打消顾客的抵触和顾虑,提高他们对商品的兴趣,直至生意成交。

其实,每个人都有喜欢幽默的天性。生活本身是严峻的,脑袋中的弦总绷得太紧,紧张之余,谁不想轻松高兴一番?恰当地利用人的这一天性,进行推销,往往能收到意想不到的功效。

【卡耐基箴言】

- ◆ 推销商品是一件艰辛的工作,每一个成功的推销员除了绝对的自信外,还需要具有惊人的幽默才能。所以,推销的时候,适当地发挥幽默,必能使对方对你印象良好,交易的成功率明显提高。
- ◆ 推销从拒绝开始,这是推销员成功的秘诀。有经验的推销员能够以幽默的态度对待拒绝,并善于看破拒绝的真正原因,然后巧妙地打消顾客的抵触和顾虑,提高他们对商品的兴趣,直至生意成交。

2. 用美好的语言打动顾客

美国《幸福》杂志的名人研究会对美国年薪 50 万美元以上的企业界高级管理人员和 300 名政界人士进行调查以后,得出结论说:"97% 的人认为人际关系顺畅是事业成功最关键的因素,其中最核心的课程就是学会赞美别人"。

每一个人都有渴求别人赞赏的心理,适度的赞美不但可以拉近人与人之间的距离,更能够打开一个人的心扉。作为一名推销员,同样需要用赞美的语言去满足顾客的心理需要。只要赞美得恰到好处,对方一定会对你有一个良好的印象,而良好的印象则是推销活动顺利进行的保证,也是推销成功的一个开端。

一个专门推销各种食品罐头的推销员对某商场经理说:"经理先生,我多次去过你们商场,作为本市最大的专业食品商店,我非常欣赏你们商场高雅的店堂布局,你们货柜上也陈列了省内外许多著名品牌的食品,窗明几净,服务员和蔼待客,百问不厌,看得出来,您为此花费了多少心血,可敬可佩!"听了推销员这一席恭维话语,经理不由得连声说:"做得还不够,请多包涵,请多包涵!"嘴里这样说,心里却是美滋滋的。这位推销员用这种赞美对方的方式开始推销洽谈,很容易获得顾客对自己的好感,推销成功的希望也大为增加。

真诚的赞美,于人于己都有重要意义。对顾客而言,他的优点和处长因你的赞美而显得更加有光彩;对自己而言,表明了你已被别人的优点和长处所吸引。

在现代的营销业务中,赞扬他人已成为一门独立的学问。能否掌握和运用这门学问,使之符合时代的要求,这是衡量现代业务员素质的一个标准,也是衡量一个人自身形象的标准之一。

当然,赞美是一种艺术,赞美不仅有"过"和"不及",而且还有赞美对象的正确与否,不同的顾客需要不同的赞美方式。赞美方式的正确选用和赞美程度的适度把握,是对客户赞美是否能够达到实效的重要衡量标准。

那么,推销员如何赞美才能把握好这个度呢?不妨从以下几个方面考虑。

1. 讲究赞美的针对性

销售人员平时应该注意观察,了解各种公众特别是准顾客引以为荣的事情及其心理弱点和忌讳,据此选择好赞美的角度,从顾客比较感兴趣的方面赞美,提高赞美顾客的有效性。一般而言,赞美顾客的角度主要有顾客的兴趣、才华、人品、前途及相关人员(特别是伴随顾客来店的家属)等。

2. 讲究赞美的真诚感

也就是说,销售人员应该发自内心地赞赏、称颂,而不是虚情假意地向顾客献媚。遇到顾客比较感兴趣的话题,或者行业专家型的顾客,销售人员应该虚心请教,真心赞美,这既能够丰富自己的知识,又可以满足顾客的心理要求,建立良好的顾客关系,为完成商务推销任务创造良好的条件。

3. 注意赞美的可信度

赞美顾客选用的语词要恰到好处,力求准确,绝对不能偏离事实,不能背离实际情况,否则就会给顾客留下溜须拍马的印象。

4. 注意赞美的流畅感

在赞美顾客的时候,销售人员要善于利用各种偶然出现的情景或者是顾客无意之中表露出来、引以为荣的事,创造良好的赞美"情节",以此为契机,选择有效的赞美方式,十分自然地夸奖顾客。

5. 注意赞美的亲切感

销售人员赞美顾客时,应该注意语言艺术,从语言表达的构思到语音、语调的设计,都要力求温和、亲切,从语言方面强化赞美的心理感染力。

6. 注意赞美的专注性

为了提高赞美的渗透力,销售人员赞美顾客时,不仅要向顾客表明自己由衷敬仰的赞美性"结论",而且要善于向顾客陈述自己羡慕顾客的理由,让顾客不仅听到赞美的"论点",而且听出赞美的"论据",以此强化赞美顾客的专注性,增强赞美的影响力。

7. 注意赞美的平凡性

任何一个顾客都有自己引以为荣的事情。对于销售人员而言,应该善于从小事上赞美别人,挖掘小事的重大意义,选用适当的语言,赞美顾客,满足顾客的心理要求。

心理学家威廉·詹姆斯说:"人性是最深切的渴望就是获得他人的赞赏,这是人类之所有有别于其他动物的地方。一个人,无论他从事什么职业,都渴望受到别人的重视,得到别人的赞美。"赞美是推销中必备的技巧,赞美的话说得得体,才能做到有的放矢,才能命中目标,也才能使你更受人欢迎。

【卡耐基箴言】

◆ 夸赞别人,是种很奇怪的经验,你夸赞别人越多,就会发现自己受惠也越多，世上几乎没什么别的事能比这种经验更有趣。
- ◆ 有一句格言说：卖牛排，卖的是声音，而不是牛排本身，因为是声音让人流口水，而好的推销员应懂得利用令人垂涎的词汇。

3. 微笑是心灵的名片

弗兰克·阿文·弗雷泽曾为"笑容"撰写广告文，今附于此。这段话直透本质，痛快淋漓，读起来令人不禁为之拍手叫绝：

"我的一位朋友，是一家超市的总经理，曾问我'我面试钟点工时应重视什么？'我告诉他，'笑容'。这要比形式主义的面试简捷得多、快得多。

"选择医生时，人们也常说，要找那些总是笑眯眯的、性格开朗的医生。对推销员而言，无论是外出的还是在店的，板着面孔的是没有人愿意接近的。

"有个人专门做笑容的咨询工作。他告诉我，笑容可以降低失误率、连小偷也会减少，甚至还会有更多的购买。它用来解决不良青少年的问题也很有效。如此说来，真是灵丹妙药啊。"

笑容是人和人交往最通用的语言。在推销员和客户的交往过程中，笑容起着重要的沟通作用。只要有办法使对方从心底笑出声来，彼此成为朋友的路就豁然出现。对方会与你一起笑，及正是接纳你的证据之一。

博特·纳尔逊是一名非常成功的推销员，他把自己的成功归功于他那能解除抵抗武装的、大大的、自然的微笑。

"当我正要离开一位准客户的办公室时，他注意到一位英俊的年轻人坐在这位经理的办公室外面。从他身旁经过时，我向他微笑，他好像被逗乐似的也向我微笑。我们谈了一小会儿，然后我问他是否愿意一起吃个午饭，他欣然接受。之后我又回到他的办公室，向他介绍了更多关于我的产品的情况。在他自己告诉我每年使用这个产品能省下多少钱时，我基本上有把握我可以用任何价格卖给他这个产品。"博特·纳尔逊说。

每个人都会观察到存在于我们的思想与身体之间的紧密联系。如果我们足够愤怒，我们会脸红；如果我们足够高兴，脸上就会溢出光彩——我们能够自我塑造外形。那么，作为推销员，理应把自我调整到利益最大，破坏最小的状态上。

著名推销员乔·吉拉德说："有人拿着值100美金的东西，却连10美金都卖不掉。要想知道为什么，你看看他的表情就明白了。要把自己推销出去，面部表情很重要：它可以拒人千里，也可以使陌生人立即成为朋友。"

原一平在刚从事推销工作的时候，常常为自己的矮小而懊恼不已，他不止一次地仰天长叹：老天对我真不公平！但是，矮个子是铁的事实，想改也改不掉，想隐瞒也隐瞒不了。

不久，一个与原一平相差无几的主考官改变了他。这位主考官曾在美国专攻过推销，他的身材比原一平略高一点，但实际上是半斤八两。若只看外表的话，和原一平一样。

他凝视着原一平，说道："你我都明白，个子高大、体格魁伟的人，先是外表就显得威风凛凛。因此，访问顾客时也容易让对方产生好印象。可是，个子矮小的人，纵然他的为人超过前者很多，由于受先天条件的限制，在踏出第一步时，无形中已经吃了大亏。你我都属于身材矮小的人，为了不输给个子高、体格好的人，同样要踏出第一步时，该怎么做呢？我想，首先必须以表情制胜，特别是要重视笑容，务必显示出发自肺腑的笑容。"

他的脸上立即浮现出笑容，那是一种浑身都在笑的笑容，是纯真感人的笑容，这笑容使原一平茅塞顿开。

从那以后，原一平开始对着镜子练习微笑，日复一日，月复一月。一天，他忽然发现镜中的自己跟以前大不相同了，他的脸大放异彩，细加观察，眼神也有变化，这个发现使他信心倍增——与镜中自己对话的训练也就更起劲了。原一平清清楚楚地看出自己的脸孔逐日有了变化。终于有一日，他自豪地说："如今，我认为自己的笑容与婴儿的笑容已经相差无几。"

就是这个笑容被誉为"价值百万美金的笑容"。笑不仅使原一平完全解除了自卑，也使他在推销的实践中日益得心应手。

微笑来自快乐，它带来快乐也创造快乐，在销售中，微微一笑，双方都从发自内的快乐中得到友善的信息。作为一名成功的推销员，应时时处处把笑意写在脸上。

总之，推销员要时刻记住：微笑始终重要。微笑可以增加你的个性魅力，当你笑时，整个世界都在笑，一脸苦相没有人愿意理睬你。

【卡耐基箴言】

◆ 作为一名销售新人，你就必须在生活中有意识地去练习微笑。微笑本身和个性的内向与外向无关，只要肯去训练，任何人都能拥有迷人的微笑。

◆ 乐观是恐惧的杀手，而一个微笑能穿过最厚的皮肤。每一位准客户的心中都有一个微笑，你发自内心的微笑能把它引出来。每一次你微笑，都会为生活添加一丝亮色。

4. 把情感推给"上帝"

很多时候，对顾客晓之以理未必能够取得推销的成功，主要是源于顾客在购买某一产品时的情绪状况。因此，在这种情况，动之以情往往可以收到更好的效果。然而，很多人却并不明白这一点，结果只能四处碰壁。

特里刚刚大学毕业就从事了推销工作。他曾是大学辩论会的优胜者，自以为口才非凡,而沾沾自喜。他平常说话总是和人争论不休,语气还咄咄逼人。他工作了几个月,成绩十分落后。

比如有一次,特里去拜访一位客户,而家里只有太太一个人。那位太太说,现在他们不需要这种产品,特里追问其原因。太太不耐烦地回答说是因为丈夫不在。而特里似乎得到了争辩的机会,急忙出击,"是不是说如果丈夫在家,说可以了。"特里的出言不逊终于惹恼了这位太太,被赶出了大门。

特里在谈话中,只想着语句合乎逻辑推理,却不想他的话一点也不合人情。

有的时候,客户对外界事物、人物反应异常敏感,且耿耿于怀,以致他们情绪不稳定,易激动。这时对待客户一定要有耐心,不能急躁,同时要记住言语谨慎,一定要避免引起客户的反感。如果你能在销售过程中把握住对方的情绪变动,顺其自然,并且能在合适的时间提出自己的观点,那么成功就会属于你。

销售员布丽吉特上门销售,他的客户昨晚失眠,心情真烦透了。这时,客户好像昏昏欲睡的样子,厨房火炉上烧着的水沸腾了,茶壶盖子上喷出白色的水汽,发出"咔哒咔哒"的声音,客户顿时怒不可遏,因为这声响令他心烦意乱。

布丽吉特看到这种情况,立即说:"水沸腾时发生'咔哒咔哒'的声响确实太令人烦躁了。不过,我倒有个好办法解决这个问题。"

"有什么好办法?"客户一听马上来了兴趣。

布丽吉特说出了自己的想法:"因为水沸腾后,水汽从茶壶盖子上喷出来,所以才发出'咔哒咔哒'的声响。如果在盖子上钻个小孔,壶中的水汽有了散发的通道,就不会再发出响声了。这是个在物理学上比较简单的问题,您何不试一试呢?"

客户一听到这个想法,顿时激动不已,精神倍增,马上行动起来。他找来工具,在茶壶盖子上钻了一个针孔,结果,"咔哒咔哒"的水汽声真的消失了。

"太好了,非常谢谢您!"客户兴奋不已。

接下来,他们进入了主题,很快谈妥了一笔生意。

推销员与客户交往好像是在与恋人"谈恋爱",能够把恋爱技巧运用到推销上的推销员一定是成功的。亦如美国汽车推销大王乔·吉拉德所说:"在推销中重要的是'要给客户放一点感情债'。只要你给客户放出一笔感情债,他就欠你一份情,以后有机会他可能会来还这笔债,而最好的还债方法就是购买你推销的产品。"

真正的语言魅力来源于情感,来源于真诚为对方着想,来源于对听话人的尊重。只有尊重而又为对方着想的语言,才能产生心灵共鸣。推销员在推销商品与对方接触中,要使对方感到推销员是诚实的。推销员一定要注意,把话说得亲切、和蔼、谦逊,既恰如其分、留有余地,又使顾客愉快、信任,以便促成交易。

哈尔德·伦克是詹森公司的一个销售员,凭着高超的销售技艺,他叩开了无数经销商森严壁垒的大门。有一次,他路过一家商场,进门后先向店员作了问候,然后就与他们聊起天来。通过闲聊,他了解到这家商场有许多不错的条件,于是他想将自己的产品销售给他们,但却遭到了商场经理的严厉拒绝,经理直言不讳地说:"如果进了你们的货,我们是会亏损的。"哈尔德不肯罢休,他动用了各种技巧试图说服经理,但磨破嘴皮都无济于事,最后只好十分沮丧地离开了。他驾着车在街上溜达了几圈后决定再去商场。当他重新走到商场门口时,商场经理竟满面堆笑地迎上前,不等他辩说,经理马上决定订购一批产品。

哈尔德被这突如其来的喜讯搞懵了,不知这是为什么,最后商场经理道出了缘由。他告诉哈尔德,一般的销售人员到商场来很少与营业员聊天,而哈尔德首先与营业员聊天,并且聊得那么融洽;同时,被拒绝后又重新回到商场来的销售人员,哈尔德是第一位,他的诚挚热情触动并征服了经理,对于这样的销售人员,经理还有什么理由再拒绝呢?

情感往往是人心最易攻克的地方,因此,以情感人是销售中的一个重要的手段。而客户对推销员的警戒往往是出于感情上的,要使之得到化解,就必须用感情而并非大套的理论。

每个人的心中都会留有一片空地，专门为情感打结所用。推销员不是解开情感心结的人，但推销员必须知道，这结是情感的结，推销中要注意把握情感，作情感的舵手。一个成功的推销员绝对会洞悉顾客的感情心理和感情倾向，重视感情投资，以情感人，以情动人，以情服人。

【卡耐基箴言】

◆ 推销员与客户结缘，其实用不上什么高深的理论，情感往往最能打动人的心。

◆ 没有热情就没有销售。所谓热情，是指一种精神状态，一种对工作、对事业、对顾客的炽热感情。爱默生曾经指出："缺乏热情，就无法成就任何一件大事。"

5. 以真诚赢得对方的信任

推销任务的实质性突破就是获得客户的信任，只有获得了信任你才能把商品卖给人家。所以推销员要从细节入手，由小事做起，在与客户沟通时做到没有遗漏，这样才能获得客户的好感，让他对你产生信任。

有个推销员到一个农场去向农场主推销其公司生产的收割机。到达农场后他才知道，在他的前面已经有十几个推销员向农场主推销过收割机了，但是农场主都没有买。

这名推销员来到农场时，无意中看到农场里人行路旁的一块菜园里有几株杂草，于是便弯下腰去把这几株杂草拔除掉了。这个小小的举动完全被农场主人看在了眼里。

推销员见到农场主后，正准备介绍自己公司的产品时，农场主却阻止他说："不用介绍了，你的收割机我买了。"

推销员大感诧异："先生，为什么您看都没看就决定购买了呢？"

农场主说："第一，你刚才帮我拔草的行为已经告诉我，你是一个诚实、有责任感、心态良好的人，因此值得信赖；第二，我目前确实很需要一台收割机。"

推销员给人的印象通常是满身的铜臭气，奸诈无比。事实上未必真的如此。相反，一个真正的推销员必须拥有一份真诚的心，像关心自己的父母和孩子一样，去为顾客着想。

当顾客产生购买欲望之后，推销员更应该显露出这份真诚之心。

如果一位顾客真的想购买某件商品，他肯定要提出许多相关的问题，这时推销员必须能清楚、准确地回答，同时要较为客观地向顾客解释为什么会这样，为什么会那样。

比如，一位顾客想买一袋蔬菜种子，但他发现，这家蔬菜种子公司的种子可能是好的，就是比别人家的贵。这时营业员就应该意识到，这位顾客肯定是要买的，他之所以提出价钱贵的问题，是因为吃不准到底这种价格差产生的原因是什么。明确了这些问题，营业员就可以向顾客作出如下推销和解释：

"我们公司的种子进货渠道不一样，是从某著名的种子公司引进的。"

"我们公司的种子由美国州立农业保险公司保险。如果出了质量问题，一亩地赔偿损失400美元。"

假设每个推销员都能这么做的话，推销员肯定会给顾客留下好感，让人觉得推销员特诚实，而不是在坑蒙拐骗。

推销你的坦诚，可以给对方一个良好的印象。要使客户在内心情感上与推销人员沟通，关键因素是使顾客真正了解推销人员的坦诚和真实。

亚力是一个销售新手，他为一家公司推销日用化妆品，可一开始因为不熟悉客户，每天漫无边际地瞎跑、瞎撞，还是碰了满鼻子灰，结果推销任务完成欠佳。一天，他又在推销，进入一家商店，正好碰上了以前高中时的同学特瑞。

"嗨，亚力。"

"唉,原来是特瑞呀!"

"亚力,你这么忙,提着这些干什么?"

"唉,别提了,简直是……唉!我在为一家公司推销些日用化妆品,这些天,效果不是太好。"

"来,让我看看,唉!蛮不错的嘛!这样吧,我正好认识一个人,他是一家百货公司化妆品部经理,我给你写封推荐信。像这样物美价廉的商品,现在市场上已经不多见了,他一定会订购的。"

"老同学,真有你的,如果早些日子碰到你多好!成交之后,提成我们平分。"

"老同学,不用了,到时请我到大吃一顿足矣,赶快去吧!"

亚力高兴极了,拿着特瑞写的推荐信,前去找该公司的经理洽谈业务。

"经理先生,听特瑞经常提起您,说您是年轻有为。现在化妆品比较走俏市场也很大。"

"可是,质次价高,名不符实,也不好经营,我们现在正在为这个问题发愁呢!"

"我现在在某公司销售部工作,我们新近研制出了几个型号,现在正在开拓市场。"

"你能详细介绍一下吗?"

于是,亚力认真地将准备好的内容说了一遍,得到了经理的认同,签订了合同。

上面是一个较为成功的例子。其中有几点是值得人们注意的。首先,亚力用真诚的谈话引起了特瑞的同情,得到了特瑞的推荐介绍;而此时,亚力也没有忘记对特瑞许诺,这样关系就可持续并更加密切。

其次,亚力对经理的谈话,由浅入深,逐渐地接触到正题,给人以自然的感觉。所谓水到自然可以渠成。

吉拉德说:"真诚是推销之本。"据美国纽约销售联谊会的统计:70%的人之所以从你那购买产品，是因为他们喜欢你、信任你和尊敬你。因此，要使交易成功，诚实是最好的策略。

不诚实的代价是很大的。美国销售专家齐格拉对此深入地分析道：一个能说会道但心术不正的推销员，虽然能够以高价成功推销出低劣甚至无用的产品，但却对自己造成三方面的损失：客户损失钱财，失去对推销员的信任感；推销员不但损失了自重精神，甚至会毁灭整个成功的推销生涯；从整个推销角度来说，失去了声望和公众的信赖。因此，信任是关键。我坚信，如果你在推销工作中对客户以诚相见，那么，你的成功会容易得多、迅速得多，且会经久不衰。"

【卡耐基箴言】

◆ 人们总是对未知的事情充满怀疑，对陌生人也往往会有些恐惧。所以，信任是商业活动中最有价值的事物。

◆ 推销你的坦诚，可以给对方一个良好的印象。要使客户在内心情感上与推销人员沟通，关键因素是使顾客真正了解推销人员的坦诚和真实。

6. 投其所好，深入人心

每个人都有需要和爱好，并且都希望自己的需要和爱好得到满足。而当一旦有人能够理解和满足其需要和爱好的时候，就会使对方产生一种信任和好感，也乐于同对方进行合作与交流。这样一来，满足他人需要和爱好的人其本身的需要和爱好也就可能从对方那里得到满足。正是根据这个道理，人们乐于用投其所好的策略和技巧来达到自己的目的。

将投其所好作为一种推销的技巧和方法用于推销实践中，其基本的思想就是为了使推销达成有利于己方或者有利于双方的协议，简单来说就是"双赢"。推销者根据对方的需要、爱好，有意识地迎合对方，使双方达成共识，在找到了共同点的基础上再进一步提出自己的要求和条件，使对方易于接受和认可，进而使自己的推销目标得以实现。

乔·吉拉德是美国著名的汽车推销员，由于其卓越的推销业绩，被业界称为"世界上最伟大的推销员"。他的汽车零售纪录已经被载入吉尼斯世界纪录，至今无人打破。那么，他为什么能取得如此辉煌的成就呢？乔·吉拉德本人的总结就是——对顾客投其所好。

有一对夫妇结婚已经十年了，可一直都没有孩子。因此，太太养了几只小狗，把小狗视为孩子般疼爱。

有一天，先生一下班，太太便唠叨了起来，说来了一个推销员，看到小狗们在她跟前绕来绕去，却视若无睹，这使得她又伤心又生气，根本就没有心思看那个推销员的东西。

又有一天，先生一下班，太太便兴高采烈地对他说："你不是说要买一辆车吗？我已经约好了雪弗兰汽车公司的推销员乔·吉拉德星期天来洽谈了。"

先生一听，甚为不悦："我是说过要换一辆车，但没说过现在就买呀！你为什么要自作主张呢？"太太只好告诉了他事情的经过。

原来，雪弗兰汽车公司的推销员乔·吉拉德也是一个爱狗之人，看到这位太太养的狗，便大加赞赏，说这种狗毛色漂亮，有光泽，又清洁，黑眼圈、黑鼻尖，乃是最高贵的优良品种。乔·拉德的话说得这位太太芳心大悦，如见知音，便对他产生了深深的好感，很快就答应让他星期天来找她的先生进一步详谈。

这位先生确实想换一辆新车，但他优柔寡断，一直拿不定主意该换什么车，现在既然推销员乔·吉拉德上门来推销新车，看一看又何妨呢。

星期天，乔·吉拉德依约而至。通过一番交谈后，这位先生很快就被乔·吉拉德说服了，因为乔·吉拉德仿佛能看得出先生心里的真实想法，句句话都投中先生所好，令先生最后"当机立断"，买下了乔介绍的车。

在乔·吉拉德的推销生涯中，类似于这样的经历，数不胜数。他心里非常清楚，只要你懂得说客户最爱听的话，只要你卖客户最爱的车，你就能轻而易举地拿到汽车订单。乔·吉拉德曾经说过，像这样"爱犬"的夫妇非常多，只要你能够投其所好，表现出对他们宠物的喜爱，他们就会把你当成好朋友。事实上，"爱子"的夫妇就更多了。如果你能够表现出对一对夫妇的孩子非常的喜欢，并夸赞孩子夸赞得非常到位，该夫妇会马上对你产生好感，把你当成好朋友。

打动人心的最佳方式，是跟对方谈论其最感兴趣的、最珍爱的事物，即投其所好。如果你这样做了，成功就会离你越来越近。"说别人喜欢听的话，双方都会有收获"，这是世界上最伟大的推销员乔·吉拉德的一大成功心得。

推销员的推销手段实施后的结果并不重要，重要的是能让顾客参与到过程中，用顾客自己的喜好指引他自己去购买你的商品，所以推销产品一定要让顾客看到、听到、尝到、闻到、感觉到，要让顾客沉浸和陶醉在你的商品之中，闻闻商品的味道、摸摸商品的触觉等小小的细节都可以激起他的购买欲。你的推销自然就水到渠成。

一位飞机推销员致电休斯公司总裁霍华德·休斯，向他推销喷射引擎飞机。休斯是个保守派人士，他当时认为休斯公司负担不起购买飞机的经费。但推销员则认为购进飞机能为公司省下可观的时间成本，让他便于出访，并提高工作的效率。

这位推销员告诉休斯说："霍华德先生，我们有一架绝对符合你的理想的喷射引擎飞机，我想让你试乘看看。"霍华德先生经过一番考虑后接受了这项提议，他虽然感到满意，但他并不觉得有必要买下这架飞机。于是，推销员告诉他说："霍华德先生，我们这里不会用到这架飞机，您可以留下它，把它当成你自己的飞机用吧！你并不需要任何义务！"这个当然是难得回绝的提议，因为休斯公司并不需要承担任何义务。刚好这星期霍华德先生必须往访各处，而这架飞机促使他能够更有效率地执行他的任务，当然旅程也很舒适。

一星期过后，推销员回来试图做成这笔交易时，霍华德先生仍然无意买下这架飞机。推销员于是向他表示："因为我们这个月都不会用到这架飞机，你继续留下它，把它当成自己的飞机用吧。"休斯犹豫了一阵子，然而推销员坚持要他留下飞机。休斯这一个月期间着实好好利用了这架飞机。一个月过后，休斯已经无法不利用这架飞机往访各地了。当推销员回来取"他的"飞机时，休斯已经离不开给他提供舒适旅程的飞机了，他当然有办法说服公司投资这笔钱了。

对推销员而言，可以说，顾客的爱好决定着推销员的具体工作。只有投其所好，按照顾客之所想而想，根据顾客之所好而好，才能让顾客心甘情愿买下你的商品，使推销任务顺利而圆满地完成。

投其所好，是一门艺术、一种智慧，也是一种沟通的秘诀。它寻求的是不同职位、不同行业、不同经历的买卖双方的利益共同点。投其所好，是调动你的知识、才能以及各种优势，向客户发起的心理攻势，直至达到"俘获"对方的目的。

【卡耐基箴言】

◆ 一个求人，一个被求，二者是对立的关系。但是若找到和对方的情感共鸣点，让对方觉得你是"同路人"、"对胃口"，办事就会方便许多。

◆ 要想顺利办事，必须深入了解交际对象，了解对方的性格、身份、地位、兴趣，然后投其所好，避其所忌，攻其虚，得其实，这样办起事来才能进退自如，成功有望。

· 第九章 ·

得心应"口"的说服说话技巧

说服他人使其相信并产生行动是我们在日常生活中经常遇到的,掌握说服他人的说话技巧,已成为我们每个人必备的能力之一。拿破仑说:"胜利的曙光时刻招引着你,只要你愿意开始准备,而培养说服力也不例外。"

1. 动之以情，攻心为上

美国管理大师德鲁克在《管理艺术精粹》中写道："没有人曾经靠争论说服任何人。你用以争论的事实和理由会是100%铁一般的强硬，尽管这样，如果他不愿同意，你决不会说服任何人。你会用最荒谬的争辩来反对，而他就是不服。不要急躁，要镇静和虚心，重要的是赢得他的心，而不是他的智力，那么你可能有使他赞同你的希望。但绝不要通过冷漠的推理和争论。"

说服不只是一种理性推论，更重要的是一种心理互动过程，这个过程的进展综合了知、情、意诸因素。由于说服的对抗性特征，或多或少地会给受劝人带来心理上受胁迫的感觉，产生冷漠、反感等抵触情绪或逆反心理。因此，以理服人虽说是说服的基本方法，但仅仅有"理"不一定能服人，还需辅之以"情"，用"情"来填补对方自尊的"空洞"，平衡对方的挫折心理，拉近与对方的情感距离，情通后理达。

有一天，一位老态龙钟的妇人来找林肯律师，哭诉自己被欺侮的事。这位老妇人是独立战争时期一位烈士的遗孀，每日就靠抚恤金维持风烛残年。前不久，出纳员竟要她交付一笔手续费才准领钱，而这笔手续费却等于抚恤金的一半，这分明是勒索！素有修养的林肯听后怒不可遏，他安慰了老妇人，决定帮助她打这个官司。

法庭开庭了，因为那个狡猾的出纳员是口头进行勒索的，这样原告证据不足，被告矢口否认，情况显然不妙。轮到林肯发言了，上百双眼睛紧盯着他，看他有没有办法扭转形势。

林肯用婉转的嗓音，首先把听众引入到对美国独立战争的回忆。他两眼闪着泪花，用真挚的感情述说革命前美国人民所受的苦难，述说爱国志士是怎样揭竿而起，又怎样忍饥挨饿地在冰天雪地里战斗，为浇灌"自由之树"而洒尽最后一滴鲜血。突然间，他的情绪激动了，言辞有如夹枪带剑，锋芒直指那位企图勒索烈士遗孀的出纳员，最后他以巧妙的设问，做出令人听之怦然心动的结论：

"现在事实已成为陈迹，1776年的英雄早已长眠地下，可是他们那衰老而可怜的遗孀，还在我们面前，要求代她申诉。不消说，这位老人以前也是位美丽的少女，曾经有过幸福愉快的家庭生活，不过她已经牺牲了一切，变得贫穷无依，不得不向享受着革命先烈争取得来的自由的我们请求援助和保护。试问，我们能熟视无睹吗？"

发言至此结束，听众的心腑早被感动了，有的顿足捶胸，扑过去要撕扯被告，有的眼圈泛红，为老妇洒下同情之泪，有的还当场解囊捐款。在听众的一致要求下，法庭通过了烈士遗孀不受勒索的判决。

一个说话者如果讲话华而不实，只追求外表漂亮，开出的只能是无果之花。若缺乏真挚而热烈的情感，只是"人工仿制"的感情，虽然能欺骗听众的耳朵，却永远得不到听众的心，而说话者一旦讲话时袒露情怀，敞开心扉，都会达到语调亲切、说理虔诚、激情迸发、内容充实的效果，也就会字字吐深情，句句动人心。

松下电器公司还是一家乡下小工厂时，作为公司老板的松下幸之助总是亲自出马推销产品。在碰到杀价高手时，松下幸之助就说："我的工厂是家小厂。炎炎夏天，工人在炽热的铁板上加工制作产品。大家汗流浃背，却努力工作，好不容易制出了产品，依照正常利润的计算方法，应当是每件××元承购。"

对方一直盯着他的脸，听他叙述，听完之后，展颜一笑说："哎呀，我可服你了，卖方在讨价还价的时候，总会说出种种不同的话，但是你说得很不一样，句句都在情理之中。好吧，我就照你说的买下来好啦。"

松下幸之助的成功，首先在于他真诚的态度。他强调自己是依照正常的利润计算方法确定价格的，自己并无贪图非分之财之意，他也同时暗示对方没有讨价还价的余地。这就便对方调整角度，与其达成了共识。

松下幸之助的语言充满情感，他描绘了工人劳作的艰辛，创业的艰难，劳动的不易，语言朴素、形象、生动，语气真挚、自然，唤起了对方的切肤之感和深切同情。

正如对方所说的,松下幸之助的话"句句都在情理之中",对方接受自然也就在情理之中了。

人是有情感的。人类的情感就是对客观事物的好恶倾向。一个人的情感产生后,明显地表现于外部的表情之中,它又作为一种刺激影响别人,被别人体验着,潜移默化地影响着别人,这就是情感的感染性。感染可以引起人们相应的情感体验,影响人的行为以及观点的变化。因此,要想让对方接受和信服自己的观点,不但要掌握真理,而且要善于将真理寓于情感之中,以取得最佳的说服效果。

【卡耐基箴言】

◆ 情感之弦是一个人本来就有的心理积淀,寓理于情就是要触动他原有的心理积淀,调动对方本有的心理能量,来促成共鸣反应。

◆ 将理性的呼声和情感的声音结合或交替使用,就能够牢牢地抓住人心,就能够深深地打动和说服他人。

2. 将心比心,有理有力

印第安人曾经说过:"首先要穿别人的鞋走上一段路。"你不要忘了问自己:他这样做是出于什么原因?了解其中的含义是意味着宽恕一切。俗话说,设身处地,将心比心,人同此心,心同此理。

从前,在尼泊尔一个小村子里住着一家四口人:丈夫、妻子、他们的儿子和小孩的爷爷。他们很贫困。老爷爷干了很多年的活儿,现在已经老得干不动了,全靠儿子和儿媳妇两口子养活他。老爷爷的儿子儿媳觉得是个沉重的负担,决定把老爷爷扔到一个很远很远的地方。他们准备到市场上去买一个大竹筐,用这个筐子把老爷爷背走。天黑时,男人带了一个大竹筐回来了。他把老爷爷抱起来放在竹筐里。老爷爷惊讶地说:"你要用筐子把我弄到哪里去?"

"父亲,您知道,我们不能再照顾您了。我们决定把您送到一个神圣的地方,那儿所有的人都会对您很好的。您在那儿会比在这儿生活得更有趣。"

老爷爷马上看出他们的用心,气愤地训斥道:"你这个忘恩负义的畜生!想想你小时候那些年,我是怎么照顾你的,你就这么报答我!"

男人恼羞成怒,猛地背起大竹筐,匆匆走出了屋门。男人的孩子一直偷偷地看着。当父亲就要消失在夜幕里时,他向父亲喊道:

"爸爸,把爷爷送走后,千万要记得把筐子带回来。"

男人转过身来,迷惑不解地问道:"为什么要带回来?"

孩子回答:"等您老了,我想把您送走的时候,还用得着这个大筐子呢!"

听了儿子的话,男人的腿颤抖起来。他没法再往前迈步,回转身,又把老爷爷背回家来。

这个小孩就很巧妙地使用了将心比心的方法劝说了他的父亲。这个小孩救他爷爷使用的就是将心比心术。让他爸爸设想自己年老被遗弃的感受,从而让爸爸体验爷爷年老被遗弃的心情,将心比心,结果使得爸爸放弃了错误主张。

使用将心比心术,通常是假设出某种事物情况,让对方从中体验别人的心理,启发对方提高认识。

在生活中,并不是没把道理讲清楚,而是由于劝说者和被劝说者固执地据守本位,不替对方着想。假如换个角度,启发对方进行心理位置互换,让对方设身处地地体验别人的心理,主动调整自己的态度和行为方式,也许被劝说者就不会"拒绝"劝说者,劝说和沟通就会容易多了。

说服中的最佳结局是双方达到共同认识。所以,你需要努力寻找与对方一致的地方,先让对方赞同你远离主题的意见,从而使之对你的话感兴趣,而后再想法将你的主意引入话题,而最终求得对方的同意。

一个牧场主养了许多羊。他的邻居是个猎户,院子里养了一群凶猛的猎狗。

这些猎狗经常跳过栅栏，袭击牧场里的小羊羔。牧场主几次请猎户把狗关好，但猎户不以为然，口头上答应，可没过几天，他家的猎狗又跳进牧场横冲直撞，咬伤了好几只小羊羔。

忍无可忍的牧场主找到镇上的法官评理。听了他的控诉，明理的法官说：我可以处罚那个猎户，也可以发布法令让他把狗锁起来。但这样一来你就失去了一个朋友，多了一个敌人。你是愿意同敌人做邻居呢，还是和朋友做邻居？

"当然是和朋友做邻居。"牧场主说。

"那好，我给你出个主意，按我说的去做，不但可以保证你的羊群不再受骚扰，还会为你赢得一个友好的邻居。"法官如此这般交代一番，牧场主连连称是。

一到家里，牧场主就按法官说的挑选了3只最可爱的小羊羔来到猎户家里，看到猎户在教三个儿子驯狗，于是说道："瞧您的儿子长得多可爱而且多勇敢！"猎户脸一红，说："家里没什么玩的，带他们驯狗也算是玩了，哪儿有什么勇敢。"牧场主便顺势将带来的小羊羔送给猎户的3个儿子。看到洁白温顺的小羊羔，孩子们喜欢的不得了，每天放学都在院子里和小羊羔玩耍嬉戏。因为怕猎狗伤害到儿子们的小羊，猎户只好做了一个大铁笼，把狗结结实实地锁了起来。从此，牧场主的羊群再也没有受到骚扰。

为了答谢牧场主的好意，猎户开始送各种野味给他，牧场主也不时用羊肉和奶酪回赠猎户，渐渐地两人成了好朋友。

可见，"将心比心"，只有自己用心了，敞开了心扉，才能打开别人的心灵，做到有理有力的说服。

在说服的过程中，将心比心会有很好的效果，至少别人不完全认为你站在一个说服者的角色，而是真正地为他着想，对方就会很乐意接受你的意见。所以说，懂得"将心比心"说服方式的人不失为一个好说客。

【卡耐基箴言】

◆ 说服对方的一种简单方法，就是和对方交换一下你们所处的位置——

将心比心，互利共肩赢。
- ◆ 在现实生活中，我们会遇到很多争论，人们总是首先考虑自己的位置，不想让自己受到损失，但从解决问题的角度考虑，这种想法往往会使问题得不到顺利解决。以我心换你心的将心比心的态度，能使你具有了解对方的情绪与心意的能力，使你具有支配他人的力量。

3. 迂回诱导，循循善诱

所谓："以迂为直，以患为利"，就是通过迂回曲折的途径，达到近直的最佳效果。迂回的说服方法，在于避开被劝人正面的心理防线，绕到其侧面、背后，然后由远及近，由彼及此，在对方接纳了彼理后，再委婉地转到此理上来从而春风化雨，使对方在不知不觉中进入说服者期待的目的地。这种表达方式既可达到批评的目的，又可以避免难堪的场面，所以常被用作说服的有效手段。

某中学有个叫彼得的学生，召集了二十几个同伴，自认为是他们的首领，常一起滋事生非。好几名老师曾经想尽各种方法说服这个学生，但丝毫不见效，不仅如此，这位学生有时候还会反抗老师，令校方感到十分头痛。

新学期开始，从外校调来一位专门指导学生生活的老师。他来到后立刻开始指导彼得。他发现约翰、吉姆两位学生常常围绕在彼得身旁。这位老师的目标虽然放在彼得身上，但却故意要彼得设法劝约翰、吉姆，教他们做人的道理。他对彼得说："你的问题我不愿意再谈了，已经有很多老师尝试过了，均遭到失败。不过约翰、吉姆目前还没有达到不可救药的地步，他们还是有前途和希望的。而你对约翰、吉姆的将来既然不能负责，就不能随你的意思要他们走什么方向。我想他们还有改过的希望，就麻烦你说服他们，如何？"

彼得听老师这么一说，油然而生一种受人信赖的感觉——既然自己是"头头"，就有责任进行说服约翰、吉姆的工作，于是他要约翰、吉姆脱离了这个小团体。

几天后，彼得来到老师跟前，羞涩地说他自己也想改过自新了，那位老师当即表扬了他。如果一开始就采取直接说服的方式，必然不会收到好的效果。

所以，即使是某人自身的问题，也不一定非要面对面地进行说服，可以采取迂回的方式，明着评价与他情况相似的人的是非，实则触及其问题的实质，使他反省自身的行为。

19世纪意大利著名的作曲家罗西尼就曾灵活地用过这条口才兵法。一天，有个作曲家带着自己一份东拼西凑的乐曲手稿来请教他。于是，罗西尼就安排他按乐曲手稿上弹奏一遍。在演奏的过程中，罗西尼一面听，一面不住地把帽子脱了又戴，戴了又脱。作曲家很纳闷地问他："先生，这屋里是不是太热了啊？"

罗西尼回答道："不，我有见到熟人就脱帽的习惯。在阁下的曲子里，我碰到了那么多熟人，只好不停地脱帽了。"

罗西尼巧妙地用"那么多熟人"来暗示曲子缺乏新意、抄袭太多，既含蓄又明确地向对方表明了自己的看法和意见，并且既不伤情面，又能达到阐明话语主旨的意图。

可以想象，假如罗西尼直接去劝说，是不可能取得好的效果的。其实，也就是说话时，在步入正题前先做一个"铺垫"，说话"迂回"一些，然后再一步一步导入中心，这样就会收到良好的效果。

俄国十月革命刚刚胜利的时候，许多农民怀着对沙皇的刻骨仇恨，坚决要求烧掉象征沙皇反动统治的皇宫。有关负责人作了多次工作，农民们都置之不理，非烧不可。最后，只好由列宁亲自出面做说服工作。列宁对农民们说：

"烧房子可以，在烧房子之前，让我讲几句话，可以不可以？"

农民们说："可以。"

列宁问："请问这座房子里原来住的是谁？"

"沙皇统治者。"农民们大声地回答。

列宁接着问道:"沙皇住的房子是谁造的?"

农民们说:"是我们造的。"

列宁又问:"我们自己造的房子,不让沙皇住,让代表住好不好?"

农民们齐声回答:"好!"

列宁再问:"那么这房子还要不要烧呢?"

农民们觉得列宁讲得好,同意不烧房子了,让自己的代表住。

迁怒于物往往是情感朴直、思维简单化的一种表现,关键在于疏导。面对愤激的群众,列宁的五句循循善诱的问话,理清了群众思路,提高了其思想认识,保住了皇宫这座举世闻名的建筑。

做人应该正直,但是说话就要有所变通了,不能一味地直来直去。诚然,直来直去的讲话固然会给人留下真诚的爽朗的印象,但是如果不分情景、不分场合,一味地"直言以告",这些不适当的"直言"就会形成一种消极的暗示,产生负面效果:不是使人感到抵触、厌倦,就是加重别人的心理负担。结果你非但没有说动人,反而会损害和谐的人际关系,给自己造成不必要的麻烦。

因此,必要的时候,我们要学会使用迂回的说话策略。迂回着说话可以把一些不利的因素避开,把"词锋"隐遁,或把"棱角"磨圆,这样更便于听者接受。在使用迂回的说话策略时,可以故意说些与本意相关或相似的事物,来烘托本来要直说的意思,这就是我们通常所说的"曲径通幽"。

【卡耐基箴言】

- ◆ 别梦想着走那条最直、最近的路,"转几个弯"避开那些烦人的荆棘,与人谈话也是如此。
- ◆ 开门见山,也许可以把事情讲得明白而透彻,但却不容易触发人们的同感,不太容易使人接受。其实这也正如行路,总会在转弯处发现风景。

4. 让对方开口说"是"

一个人的思维是有惯性的，当你朝某一个方向思考问题时，你就会倾向于一直考虑下去，这就是为什么有些人一旦沉醉于某些消极的想法之后，就一直难以自拔的道理。在人际交往中我们应懂得并运用这一原理。与人讨论某一问题时，不要一开始就将双方的分歧亮出来，而应先讨论一些你们具有共识的东西，让对方不断说"是"，渐渐地，你开始提出你们存在的分歧，这时对方也会习惯性地说"是"，一旦他发现之后，可能已经晚了，只好继续说下去。

詹姆斯·艾伯森是格林尼治储蓄银行的一名出纳，他就是采用这种办法挽回了一位差点失去的顾客。艾伯森先生向我们讲述了他的经历。

"有个年轻人走进来要开个户头。"艾伯森先生说道，"我递给他几份表格让他填写，但他断然拒绝写有些方面的资料。

"在我没有学习人际关系课程之前，我一定会告诉这个客户，假如他拒绝向银行提供一份完整的个人资料，我们是很难给他开户的。但今天早上，我突然想，最好不要谈及银行需要什么，而是顾客需要什么。所以我决定一开始就先诱使他回答'是，是的'。于是我先同意他的观点，告诉他，那些他所拒绝回答的资料其实并不是非写不可的。之后，我转换话题，对他说道：'但是，假定你碰到意外，是不是愿意银行把钱转给你所指定的亲人？'

"'是的，当然愿意！'他回答道。

"'那么，你是不是认为应该把这位亲人的名字告诉我们，以便我们届时可以依照你的意思处理，而不致出错或拖延？'

"'是的。'他再度回答。

"年轻人的态度已经缓和下来，知道这些资料并非仅为银行而留，而是为了他个人的利益。所以，最后他不仅填下了所有资料，而且在我的建议下，开了一个信托账户，指定他母亲为法定受益人。当然，他也回答了所有与他母亲有关的资料。

"由于一开始就让他回答'是，是的'，这样反而使他忘了原本存在的问题，而高高兴兴地去做我建议的所有事情。"

在说服他人时，若能一开始就能让对方说"是的"，这说明这件事已经成功了一半，你若能让对方连续说"是的，你说得对"，那么这件事的成功就有99.9%的把握。

在西屋电气公司做业务员的约瑟夫·艾利森也有同样的经验：

"在我的辖区内有个人，公司一直很想和他做生意。我的前任代表和他接洽了10年，一点结果也没有。等我接管以后，当我接手这个区域时，我一连去找了他3年，都拿不到订单。最后，在13年的拜访和谈话之后，我们卖给了他几个发动机。如果这些发动机不出毛病的话，我深信他会签下一张几百个发动机的订单。这是我的期望。"艾利森向大家介绍说。

"我对我们公司的产品很有信心。3个星期之后，我再去见他的时候，我兴致勃勃。但是，我的兴致并没有维持多久，因为那位总工程师以这段惊人的话招呼我：'艾利森，我不能向你买其余的发动机了。'

"'为什么？'我惊讶地问，'为什么？'

"'因为你的发动机太热了，我的手不能放上去。'

"我知道这时如果与他争论是没有用的，因为这方面的经验很多，所以我想起了让对方说'是'的原则。

"我说：'史密斯先生，我百分之百地同意你。如果那些发动机太热了，你就不应该买。你的发动机热度不应该超过全国电器制造商公会所立下的标准，不是吗？'

"他同意地说'是的'。我已经得到我的第一个'是'。

"'电器制造公会的规定是：设计的发动机可以比室内温度高出华氏72度。对不对呢？'

"'是的,'他点着头说,'的确是的,但你的发动机热多了。'"

"我没有跟他争辩。我只是问:'厂房有多热呢?'"

"'啊!大概是华氏75度左右。'他回答。"

"我接着问:'假如工厂内的温度是华氏75度,再加上发动机的温度华氏72度,也就是华氏147度。假如您把手放在华氏147度的热水塞门下,是不是会烫伤呢?'"

"他又必须说'是的'。"

"'那么,是不是最好不要把您的手放在发动机上呢?'我提议说。"

"'嗯,我想你说得不错,'他承认说。我们继续聊了一会儿。接着他叫他的秘书过来,为下个月开了一张价值35000美元的订单。"

"我花了很多钱,失去了好多生意,才知道跟人家争辩是划不来的,懂得了从别人的观点来看事情使他说'是,是的'才更有收获和更有意思。"

人是不可能被说服的,天下只有一种方法可以让任何人去做任何事,那就是让他自己想去做这件事。而让他自己想去做这件事,唯一的方法是让他认为你说的是对的,让认为他是在遵循对的东西才这样做。

让对方说"是"意味着双方的交流是"启示式"或"询问式"的,事实上"启示式"或"询问式"的交流比普通的交流更有效。因为大多数人对事物的认知都是有限的,尽管他们认为自己并不比别人差,但他们确实需要更多的启示。

【卡耐基箴言】

◆ 人是不可能被说服的,天下只有一种方法可以让任何人去做任何事,那就是让他自己想去做这件事。而让他自己想去做这件事,唯一的方法是让他认为你说的是对的,让认为他是在遵循对的东西才这样做。

◆ 懂得说话技巧的人,会在一开始就得到许多"是"的答复。这可以引导对方进入肯定的方向,就像撞球一样,原先你打的是一个方向,只要稍有偏差,等球碰回来的时候,就完全与你期待的方向相反了。

5. 让对方认为是他的主意

你是否对自己的想法比别人给你提供的想法更有信心？如果是的，那你为何要将自己的意见强加于人呢？因为如果你的意见确实正确，事实终会证明这一点；如果你的意见不对，你非得强加于人，别人要么不大愿意接受，要么接受后对自己产生不利的后果，那你的意见不成了一种罪过吗？所以我们何不采取一种更好的策略：只向他人提供自己的看法，而由他最后得出结论！

爱德华·荷斯上校，在威尔逊总统执政时期，在许多重要事件上发挥相当的影响力。威尔逊十分倚重荷斯的见解，其重要性有时比其他阁员更有过之而无不及。

荷斯是用什么方法去影响威尔逊总统呢？他后来曾透露过这个秘密：

"'我比较了解总统的脾气秉性之后，就比较清楚该如何改变他的想法。'荷斯说道，'要想改变威尔逊总统的观念，最好是在无意间把一个观念深植在他脑海里。当然，这不但要先引起他的兴趣，而且要不违背他的利益。我也是在无意间发现这个方法。因为有次我在白宫同他讨论一个政策，他本来相当反对我的看法，但几天之后，在一个晚宴上，他却向别人提出我的意见，只是那时已变成他的看法。'"

荷斯是个聪明人，不在乎由谁来表达那个意见。荷斯要的是结果，所以，他便让威尔逊觉得那是他自己的看法，甚至连众人也觉得如此。

每一个人总是希望一切的行为都是出于自愿，或是按照自己的想法做事，不愿意被别人强迫，不要总是想着把你的思想硬塞到别人的脑袋里。事实上，如果你想让别人接受你的观点、贯彻你的想法，最好的办法是，让他觉得那是来自他自己的主意。

威尔逊是一家服装图样设计公司的推销员，他几乎每星期都去找纽约某位著

第九章 得心应"口"的说服说话技巧

名的设计家,这样持续了三年。威尔逊说:"他从没有拒绝接见我,可是也从没有买过我的图样,他每次都用心地看我的图,然后说:不,先生,让我再考虑考虑,今天我们还不能合作。"

经过了一百五十次的失败后,威尔逊决定用一种新方法。他拿了几张那些设计家们尚未完成的图样,走进那位买主的办公室,对买主说:

"我想请你帮我一点忙……这里有几张尚未设计完成的图样,请你告诉我,如何完成,才能适合你的需要?"

这位买主将图样看了一会,没有任何表示,顿了顿才说:"你把图样先放在这里,过几天再来找我。"

第二天,威尔逊又去他那里,听了建议后,把图样拿回去,按照那位买主的意思续完。这笔交易结果如何?不用说这位买主完全接受了。

威尔逊说:"现在我才知道过去失败的原因……我总是强迫他买我认为他需要的画。可是现在我请他提出他自己的意见,使他觉得那些图样是他自己设计的。现在不用我要求他,他自己也会来向我买。"

确实如此,没有人喜欢他是被强迫购买或遵照命令行事。我们宁愿出于自愿购买东西,或是按照我们自己的想法来做事。我们很高兴有人来探询我们的愿望、我们的需要,以及我们的想法。

一位X光器械制造家,售卖他的机械给一家大医院。当时,这家医院正在加建屋舍,预备设置美国最好的X光部。X光部的主任H博士,被推销员们包围了,每个人都称赞他自己的器械。

可是,这位制造家比较精明。他懂得处理人情,他写了一封这样的信:

"敝厂近日完成了一种新式的X光器械。这种器械的第一批货刚运到我们的办事处。它们还不是很完善的。我们知道这点,并且我们要改进它们。所以如果你能抽时间看一看,告诉我们如何能使之更适合你们事业上的应用,我们非常感谢。知道你很忙,我很愿意在你指定的时间,派车来接你。"

"我接到那封信很惊异,"H博士对人叙述这件事时说,"我又惊异,又受恭维,从来没有一个X光制造家征求过我的建议,那使我觉得重要。那星期中,我每晚都忙,但是为了去看那器械我取消了一个宴约,而且我觉得越研究越喜欢那器械。

"没有人向我兜售,而是我自己向医院建议买下那整套设备的。"

中国有个圣人名叫老子,他说过一些话,也许对今日的许多读者仍有益处:

"江海所以能为百谷王者,以其善下云,故能为百谷王。是以欲上民,必以言下之;欲先民,必以身后之。是以圣人处上而民不重,处前而民不害。"

所以,请记住:如果你想让别人接受你的观点、贯彻你的想法,最好的办法是,让他觉得那是来自他自己的主意。

【卡耐基箴言】

◆ 不要总是想着把你的思想硬塞到别人的脑袋里。事实上,最巧妙的方法是,在说服过程中提一些建议,让对方自己去得出结论。

◆ 如果你想让别人接受你的观点、贯彻你的想法,最好的办法是,让他觉得那是来自他自己的主意。

6. 言之有理,以理服人

以理服人就是摆事实,讲道理,让人从你讲的道理中领悟到其正确性,从而接受你的意见,按照你的意见行事。需要注意的是劝导说理要对准要害。大凡被劝者往往对某一问题想不开,挽上了疙瘩,怀有成见。要说服之,非对准这个要害不可。否则,喋喋不休,磨破嘴皮,也是隔靴搔痒,不能解决问题。再就是劝导说理要具体实在,既不能讲空话、套话、大话,也不能像某些报告那样"宽正面,大纵深",需要的是实在的论证说理。

西尔罗·冯·卡门的科学生涯，从20世纪第一个10年开始直至20世纪60年代。他的事业与美国现代科技的发展同步，与美国现代公关学的发展也恰好同步。

冯·卡门力主将科学研究和技术应用结合起来，进而寻求技术应用的市场开发。他是把科学同企业生产结合起来的代表人物。他的科学研究与技术应用，从航空航天一直伸延到电力系统、水利工程、土木建筑、汽车机械等许多领域。

1915年，德国容克飞机制造公司发明了无支柱悬臂翼单座J-1型飞机，曾多次申请专利，却一直未能获准。当时，专利局的学究们认为，鸟类飞行用的鸟翼也没有支柱，所以，容克公司的设计已有鸟类在先。尽管专利局的观点甚为荒唐，公司却一筹莫展。冯·卡门接受了容克本人的请求，与对方打了一场专利官司，对于这样一个拖了数年，悬而难决的积案，他仅以寥寥数语，就在法庭上向法官阐明了一项科学理论。

冯·卡门在法庭上，从一个全新的角度论证了J-1型飞机机翼与鸟翼的不同之处。他指出，机翼的无支柱结构，不是左右分开的两端，而是一根连续梁；而鸟翼则和飞机不同，鸟的翅膀是分别和身体上发出飞行动力的肌肉相连的。飞机的机翼是连续的，鸟的翅膀是二分的，这个道理，法官一下子就听懂了。法院终于裁定批准了这项专利申请。接着，包括美国在内的许多国家都承认了容克公司的这项专利。

20世纪20年代末期，冯·卡门代表英国著名的汉弗莱·佩奇飞机公司，为专利受侵一事而提起诉讼。佩奇公司早期曾获得过一项十分杰出的专利权，即在机翼上开特殊结构的凹槽，以防止飞机因突然失速而坠毁。1926年前后，法国汉克尔飞机公司开始制造有沟槽的襟翼飞机，显然侵犯了佩奇公司的专利权。佩奇公司因为对方拒付专利费，请求德国高等法院作出裁决。当时，汉克尔公司聘请了德国第一流空气动力学家艾尔伯特·贝兹等，跟冯·卡门对质于公堂。

贝兹在法庭上为汉克尔公司辩护，认为汉克尔公司的带沟槽襟翼，在空气动力学上，犹如双翼机的两个机翼叠合而成。它和佩奇公司的飞机不同。后者是具有贯穿槽的单翼。因此谈不上侵权的问题。

贝兹教授的理由听上去似乎无懈可击，眼看这场官司就要败北。这时，冯·卡门突然引用贝兹几年前曾写过的一篇专门阐述佩奇机翼沟槽原理的论文。论文中有段话说，"理解翼槽作用最简单的方法，就是把它看作上下两翼紧紧叠合在一起的双翼。"这番话成了推翻在法庭上所做的辩护的绝妙证据。冯·卡门以贝兹之矛攻贝兹之盾，终于取得了胜利。

熟悉情况、论据充分、论证缜密，这是说服人的基本条件，冯·卡门的成功奥妙恐怕就在于此。

说服不是压服，而是让人心服。要达到这样的目的，靠权势、靠说教是难以奏效的。最好的办法是针对具体问题，以事实阐明道理，以理服人。

说服的目的是让他人"服"。说服他人要讲究技巧，通常采用晓之以理，动之以情的方法，以理服人，以情动人，达到让对方心服口服的效果，说话要有针对性，有吸引力，善于打动别人。至于言外之意，要紧密结合具体语境，透过语言表面，领悟话外之音，深究说话者真正意思。

在美国南北战争的时候，罗勃特·李将军是南部邦联军队的统帅。

有一次，他在南部邦联总统杰佛生·戴维斯面前，以赞誉的语气谈到他属下的一位军官。

在场的另一位军官大为惊讶地说："李将军，你知道吗？你刚才大为赞扬的那位军官，可是你的死敌呀。"

"是的，"李将军回答说，"但是总统问的是我对他的看法，不是问他对我的看法。"

李将军的话传到了那位军官的耳中，那位军官不由得对李将军产生了一种好感，因此，渐渐地改变了他对李将军的看法。李将军正是依靠自己的理性赢得了他的政敌的信服。

要以理服人，讲究说服的艺术，注意说话的方式，要使对方能够接受。决不咄咄逼人，决不意气用事。学会自我克制。怒火攻心永远是一种失败的表现。更多的时候要反思自我。人们普遍容易犯的错误有两条，一个是以己贬人，另一个是以己度人。以己贬人就是过高估计了自己，而过低估计了旁人；以己度人就是以为自己的好恶就必然是别人的好恶，自己的标准就是别人的标准。要避免这种主观性，尽量做到尊重他人，如果一定要说服他人，就要以理服人。

【卡耐基箴言】

- ◆ 思想工作解决人与人之间的思想认识问题，解决思想认识问题，只能采用民主的方式，讨论的方法，说服教育的方法，摆事实，讲道理，以理服人。
- ◆ 在人际关系的处理过程中，以理服人是好方法。以力服人、以势服人、以钱服人或以权服人，与以理服人相比，绝对不是同一水准的事。

· 第十章 ·

有声有色的夫妻相处说话技巧

　　浓浓的爱情、和谐的感情取决于很多因素,而"甜言蜜语"绝非多此一举。讲究说话的方式,讲究说话的技巧,才能使爱情的大餐别种滋味,使平淡的家庭生活更加充满温馨,成为幸福美好的人生港湾。

1. 唠叨就是爱情的诅咒

有的女人可能拥有全天下最美丽的容貌，但是如果她脾气暴躁、唠叨、挑剔、个性孤僻，那么，她最美丽的容貌便约等于零。一个女人，一旦她染上唠叨的毛病，会使任何一个男人退避三舍，除非他是个聋子。

林肯一生最大的悲剧不是被刺，是他的婚姻。当布斯向他放枪时，他并未感觉到自己已受伤……但他几乎每天都生活在痛苦的深渊里。

他的法律同仁哈顿形容，林肯在他23年内都处在"婚姻不幸"所造成的痛苦中。

"婚姻不幸"只是一种缓和的说法，几乎有四分之一世纪的时间内，林肯都是在他夫人的聒噪与吵闹中过日子。她永远抱怨，永远批评她的丈夫，她认为林肯的一切，没有一件是对的——他驼背，走路的样子很难看，呆板得就像印第安人。她说他脚步没有弹性，动作不斯文，甚至还模仿林肯的那副模样，喋喋不休地要改变他走路的姿势。她不爱看他两只大耳朵和头成直角，甚至指责她丈夫的鼻子不够挺直，又说他的下嘴唇突出，手脚太大脑袋又生得太小，她骂他是个痨病鬼。

总之，他的妻子和林肯在各方面都持反对立场，在教养、环境、志趣、性情，还包括智慧和外貌上，他们永远是彼此激怒和敌视的。

美国已故上议员毕弗瑞芝是撰写林肯传记的一位权威，他这样写道："林肯夫人那尖锐刺耳的声音，就是隔一条街都可以听见。附近邻居常常听到她不断地咆哮怒喊，她的愤怒常常是以这种方法表现，而要形容她那副愤怒的神情，真是很不容易呢！"

所有的吵闹、责骂和喋喋不休，改变林肯了吗？在某方面来说，是的。那使林肯改变了对她的态度，他懊悔自己不幸的婚姻，同时他尽量躲避见到她。

春田城内有11位律师，他们不能都挤在一个地方糊口谋生。所以他们常骑着马,跟着大法官戴维斯到其他法庭问案——他们被分配到第八司法区中的各镇法庭找工作。

其他律师无不希望周末返回春田和家人欢聚,共享天伦。可是林肯却不肯回春田。他怕回家,并且在春季3个月及秋季的3个月里,始终在他乡停留,不愿意走近春田城。他年年如此。住宿在镇上小旅店的生活并不是件舒服的事,即使如此,他也宁愿独自呆在那里,也不想回家去听他妻子不断的唠叨和野蛮的发威。

海姆伯格在纽约的家事法庭工作11年,曾批阅过数千件的"遗弃"案件。他对这方面,有这样的见解,他说:"男人离开家庭的一个主要原因,那是因为他们的妻子又吵又闹,喋喋不休。"波士顿邮报上,曾报导出这样一节:"许多做妻子的,连续不断,一次又一次在泥地挖掘,而完成了她们一座婚姻的坟墓。"

唠叨在婚姻中是很致命的,会给对方造成一种灾难,使之产生厌倦心理,厌倦挟裹在婚姻中,婚姻焉得不破裂?

如果你是一个爱唠叨的妻子,已经明白唠叨是一种破坏性的疾病,了解它所带来的巨大痛苦,诚心诚意地想要改正,是否想知道补救的办法?那么,以下的五个建议对你十分有益:

1. 不要重复讲话

如果你已经提醒丈夫,他答应过一会儿去洗碗,六七次以后他仍然没有反应,那就说明他不想去洗,你又何必浪费口舌呢?唠叨的结果只会让他下定决心绝不屈服。

2. 用温柔的方式达到目的

"要抓住更多的苍蝇,用甜东西比酸东西更有效。"这句话是很正确。"亲爱的,如果你乖乖地去擦地,晚饭就会有你最爱吃的菜肴。""亲爱的,真高兴你这么能干,把我们的屋子收拾得整整齐齐,就连邻居都十分羡慕,她们说真希望自己的丈夫也像你一样勤快。"所有类似的方法,都会让你的目的更容易实现。

3. 培养你的幽默感

常常因为芝麻小事而不高兴的人,精神迟早会崩溃。有的妻子就连催促丈夫到浴室去拿浴巾也大动肝火，脾气暴躁的程度让人无法想象。一个理智的女性从不会对一件便宜服装付出法国名牌的价钱，因为她们深知那是一种浪费。幽默感会使你的心情保持良好，只有傻子才会不分场合地傻笑。然而很多人不明白这个道理，常常因为一些不值一提的事紧绷着脸，使热爱变成痛恨。

4. 冷静对待不愉快的事情

发生了不愉快的事情，尽量不要立即发表意见，将它们记在纸条上，等到你和丈夫都冷静下来，再把它们拿出来讨论。如果是微不足道的小事，你一定不好意思再提。夫妻必须运用彼此的信任来消除引发怒气的原因，理智地、心平气和地讨论。

5. 不唠叨就达到目的

掌握人际关系的艺术，操纵男性的秘诀就是：让他们去做你想要的事，应该使用激励，而不是驱使的方法。一把枪套不住男人，用唠叨就更不行，那样只会让他的精神崩溃，你的幸福愈来愈远。

【卡耐基箴言】

◆ 有的女人可能拥有全天下最美丽的容貌，但是如果她脾气暴躁、唠叨、挑剔、个性孤僻，那么，她最美丽的容貌便约等于零。

◆ 在地狱中的魔鬼所发明的毁灭爱情的方法中，喋喋不休是最致命的。它像毒蛇的毒汁一样，永远侵蚀着人们的生命。

2. 真诚地赞美你的爱人

洛杉矶家庭关系学所所长保罗·波皮诺说："大部分的男人，在寻找太太的时候，不是去找一位能干的办事的人，而是要找一位诱人而又愿意满足他们的虚荣心、并能够使他们觉得超人一等的人。因此，一个公司或机构的女主管，可能会有人来请她吃饭，但只是一次而已。她很可能会把她所记得的，在大学念《现代哲学主流》的时候听到的一点东西搬出来，甚至还坚持要付自己的账。结果呢，以后她就得学着一个人吃饭了。没有上过大学的打字小姐却不相同，当被人请去吃饭的时候，她会以热情的目光注视着她的护花使者，说话带着无限的深情。'现在请你告诉我一些有关你自己的事。'结果，男人们对他人说，'她并不十分美丽，但我从来没有遇到过更会说话的人。'"

可见，一个会说话的人要比相貌或者其他方面的才能重要得多，这是家庭和睦、人际关系和谐应该具备的一项非常重要的能力。

马克·吐温曾说过："一句精彩的赞辞可以代替我10天的口粮。"渴望赞美是每个人内心最迫切的需求之一，尤其是在爱人面前，一句简单的夸奖，会让她兴奋无比。

有些人认为，对待自己的妻子已经不需要太多的赞美了，因为娶她为妻是对她最高的赞美，足够她享用一辈子了。而太太们却偏偏不这样认为，她们在家里忙家务，不像先生们那样，在工作中可以得到晋升、加薪这样的表扬形式，于是，她们就万分地渴望得到先生的肯定与赞美。

在我的剪报中，有一篇故事。尽管我知道这件事从来都没有发生过，但它却说明了一个道理，因此我想把它再重复一次：

一个农村妇女，有一次在干了一天辛苦的工作之后，在男人们面前放了一大堆草。当这些男人生气地问她是否发疯时，她回答说："哼！我怎么知道你们会注意到吃的是什么，我为你们这些男人做了20年的饭，可我从来都没有听到你们说过一句话，好让我知道你们吃的不是草。"

从前，莫斯科和圣彼得堡那些养尊处优的上层人物，在这方面很有教养。在沙皇俄国时代，上层社会有一种习惯，就是当他们享受了一顿美味佳肴之后，一定会请来厨师，当面褒奖他们。

为什么不这样对待你的妻子呢？下次，当她的牛排做得非常脆嫩可口时，你就要这样告诉她，让她知道你非常欣赏她的手艺——你不是在吃草，让她知道你非常欣赏她的手艺。或者，正如得克萨斯·吉恩经常说的："大大地夸奖那个小女人。"

假如你想那样的话，她就会知道，她对于你的幸福快乐占有重要的地位。英国最伟大的政治家狄斯雷利，即使面对全世界的人，他也会毫不害羞地承认"非常感激那位小女人"。

女性都喜欢接受适度给予的赞美。无论对于容貌、行为、服装、发型，甚至指甲，都希望得到赞美。因为女性，甚至高傲的女性，都常为某种"复杂的弱点"烦恼着，如怀疑自己的魅力，怀疑自己的优点。当一个人的优点，被一个异性所证实时，怎能不感到愉悦？有些羞怯或忧郁的女性，受到男性的赞美，就像花朵受到阳光的照耀，突然明艳起来。

直接对个人的赞美最能使女人感到满足，但是男人往往不了解这个道理。其实最简单的方式就是以正面的形容词直接赞美女人，而这不仅让女人感受到你的珍惜与尊重，更加强了她的安全感，拉近了双方的距离，并且愿意做更多的回应。

斯蒂芬是纽约的一位作家，许多人羡慕他娶了一位美丽而聪慧的太太。而这位许多男人心目中的贤妻，却认为斯蒂芬才是世界上最好的丈夫。因为罗伯特每当有新书出版，总不忘在首页上写"献给珍妮——我的妻子，我生命的全部"这样动人的语言。

好莱坞的婚姻就像气球一样，说破就破。没有保险公司敢于对其保险。但是华纳·白斯特的婚姻却是少数几个特别幸福婚姻中的一个。白斯特太太的本名是魏妮菲·布瑞林，她原本是个大牌演员，后来放弃了正红的演艺事业嫁给了白斯特，但她从不以此来埋怨白斯特。白斯特说："她不再像原来那样受到大众的关注和赞美，但我却非常努力地让她明白我对她的关注和赞美。这让她很快乐，也让他们的婚姻很幸福。"

只要是诚恳的赞美，总是令人高兴的。如果男人在赞美女人时能够多用点心，会更令女人感动。赞美要讲究技巧，首先要摸准她确实值得赞美的地方。其次是变换赞美词。比如你每天看到的都是一双眼睛，如果你总是千篇一律地重复"你的眼睛好美哦"，就会使她觉得你在例行公事。你不妨换一句话："我一直认为你的眼睛很美，但今天才明白了它所以迷人的原因。"这样，保管她百听不厌。

赞美是一盏明灯，它照亮了人的心灵，也照亮了女人美丽的面容。

【卡耐基箴言】

◆ 不论男人或女人，都渴望得到赞赏和热爱。如果能够衷心地表示赞赏和热爱，就会得到幸福和快乐。

◆ 如果你要维持家庭生活的幸福快乐，就要记住这条规则，不要批评，而是要尽量去赞美。

3. 忍让相安，和谐共生

从相遇、相识、相知，再到相恋，一对恋人互相说过多少爱情的誓言是难以计数的。当迈入婚姻的殿堂，要真正实现"长相知""永相守"，夫妻间还要经历多少感情的波折也是无法预料的。

心理学家曾对80例夫妻间的争吵进行分析，发现3/4以上是由于一方的责怪引起的。这些责怪往往是发现了对方的某些过失，因疏忽而犯的错误，或无意间说的错话。在被责怪者不服而辩解或反过来责怪对方时，夫妻间的矛盾由此升华。

同时，心理学家指出，在受到别人的指责或责怪时，大多数人都会产生辩白心理，除非是做了明显的绝对无可推诿的错事。所谓"辩白"心理，就是想为自己辩解，说明自己错得无意，或者因为情况复杂，错误难免，等等。值得注意的是，这种心理现象几乎是本能的，可以说是一种"自然防卫"心理，也可以说是人的自尊要求。在很多情况之下，并不表示受责怪者想推卸责任。

了解了这一点之后，在你发现爱人的过失的时候，不妨听他辩解几句，让他从心理上得到自尊和安慰，切不可一味地批评、指责，否则必然使他情绪激动，失去理智，产生争吵的后果。

夫妻在共同的生活中发生争吵是难免的，最终谁赢了不重要，重要的是在争吵过程中夫妻双方的态度。夫妻之间互相忍让，可以给另一个人一个悔悟的机会，可以给他一个自我反省的空间，让他在平静中认识到自己的错误。忍让可以在平淡中演绎经典，在无声无语中融洽的恩爱，即使是平凡的爱情也会成为永恒，再平淡的婚姻也会令人流连。

一家人开开心心吃完晚饭，妻子捋起袖子在厨房洗起碗来，丈夫点燃一支烟悠然自得地在客厅里看着电视。这时，妻子不小心打碎了一只碗，丈夫听在耳里，但嘴上没有什么表示。妻子首先叹了一口气，接连叹第二口气，丈夫心里感到厌烦，嘴里却说："碎就碎了，'碎碎'平安嘛！"妻子这时找到了进攻点："你这是什么意思？"丈夫还没来得及解释，妻子继续说："你不刷碗，当然不会打碎碗，活干得越多，气受得越多！"身经百战的丈夫意识到，这时的男人不能再说一个字，只能耐下心来倾听，直到妻子数落累了，这才算告一段落。第二天烟消云散，妻子像什么事也没发生过一样，聪明的丈夫也自得其乐。

夫妻之间的忍让不是懦弱，它是一种宽容，一种忘却，也是一种谅解与贤良。也许有人认为忍让是男人的专利，其实在夫妻之间不仅丈夫有忍让的责任，妻子也有忍让的必要。因为婚姻是双方的，任何事都是相互的，没有摩擦的家庭是不和谐的家庭。忍让是家庭摩擦的润滑剂，有了忍让，家庭就会少了纷争，少了硝烟。

一位著名的文人说过："无论男女，应该先学会吵架，再结婚生孩子、过日子。不要认为你有多么了解你的爱人，因为勺子早晚是要和锅沿磕碰的。"夫妻毕竟是两个人，两种性格的组合。要知道，任何时候的两强对抗都会破坏固有的平衡，激发矛盾。夫妻之间凡事应该互相商量，多作自我批评，增进相互理解，加强情感沟通。

家，是人的避风港湾，是人的安乐窝。俗话说得好"家和万事兴"，夫妻之间必须要相互谦让、相互包容。聪明的丈夫和妻子在婚姻开始时便应懂得：你不需要控制对方。事实上，你不应该也控制不了对方，如果你试图去获取这种权力，那么你的婚姻最终有可能遭到灭顶之灾。

生活中，夫妻相处需要一点弹性的空间，这也是家庭和睦相处的最好方法。否则，一味地硬挺，你自己累，对方也会很累。而适当地忍让一下，也许你一时难以解决的问题就会在你躬起的脊背上悄然滑落。那么，夫妻间的相处，也就会变得轻松很多。

（1）包容。家庭生活是一门讲究包容的艺术。一对陌生男女，经过相识交往后，走进一个屋檐下开始共同生活，那么，两个人的生活方式、饮食起居、消费习惯等总会有差异，因而夫妻双方难免会有磕磕绊绊，就会发生争执。一旦发生争执，必须有人妥协，不妥协只会使争执升级，导致两败俱伤。所以，幸福家庭中的夫妻一定都是妥协高手。

（2）谦让。夫妻吵架，不管谁赢，都达不到解决问题的目的。吵架的结果应该是达成一致的看法，通常这个看法会兼顾双方的意见。夫妻吵架往往是各讲各的理，根本听不进对方的话。记住，一旦你选择了他（她），那他（她）对你来说就是最优秀的。多想一些好的办法停止争吵，比如，你可以说："亲爱的，我们和好吧。"

（3）示弱。在年轻夫妻中，任性、好胜、以自我为中心者不在少数。小两口闹意见、生闷气、谁也不理谁的情况很普遍。其中，又多是性格内向的一方首先进入无言的状态。男女相比，后者比前者更爱耍小脾气，使小性子。当夫妻间的争吵转为斗嘴后，为了避免事态恶化，一方必须主动示弱。

【卡耐基箴言】

◆ 若夫妇互敬互爱,上帝就与他们同在;若夫妇不和睦,则是吞没自己的大火。

◆ 要赢得对方的爱和尊重,那么就放开控制对方的愿望;要想在争论中取胜,就得首先学会做一个永远的"输家"。

4. 幽默是婚姻的润滑剂

夫妻关系是一种最亲近的人际关系。每对夫妻在新婚时,都希望将来能建立一个幸福美满的家庭,夫妻恩爱白头偕老。这种美好的愿望为夫妻关系的维护和发展提供了良好的心境条件。

但是,许许多多的人有过这样的感受:恋爱时节,双方都非常浪漫,恋人的每一句话都是一首诗,一支动人的歌曲。可结婚以后,生活显得平淡乏味,浪漫季节一去不返——从爱情到"城堡",当初的爱似乎枯萎了——丈夫抱怨妻子不能体谅男人的苦衷,只知拼命地打扮自己,不知满足;做妻子的则埋怨丈夫好吃懒做,不理家务,感情迟钝;或者丈夫认为妻子缺乏激情,枯燥乏味,如此等等。

事实上,爱情、家庭都依赖一种双向的合力运作,成亦在此,败亦在此。若想在日常生活琐事的冲突中,保持这种朴实的幸福,使自己的爱情始终得到呵护,仅凭主观想象和愿望是不够的,还要懂得一样东西——在幽默中发展爱,让幽默为爱注入活力。

有人说:"没有幽默感的家庭就像座旅店。"这话固然过于偏激,但毕竟说出了幽默对于家庭的重要性。但凡一个幸福快乐的家庭,都多少有幽默调侃在起作用。

在婚姻生活中,幽默常常会收到意想不到的效果。它往往以善意的微笑代替抱怨，避免争吵，给人带来欢乐，消除烦恼，使夫妻关系得以调适，使家庭生活充满快乐。幽默是任何说教、训斥、央求、亲昵所无法取代的。它胜过一百个热烈的亲吻，一千次赤诚的宣誓。

1. 消除矛盾

夫妻生活中不可能没有矛盾，有了矛盾怎么办？只有设法从积极的方面去处理。大科学家爱因斯坦，一次因为一点小事和妻子生了气。晚上，他要动手写文章，便吩咐妻子为他做些准备工作。他妻子很不高兴地问："你都需要些什么东西？"爱因斯坦说："一张台子、一把椅子、纸和笔，嗯，还要一只大大的废纸篓。""为什么要大大的废纸篓？"妻子问。他说："这样，我可以丢掉我所有的谬误。"他妻子被逗笑了，一场不愉快烟消云散。

2. 代替责备

夫妻生活中的说话是很有讲究的，同样是一句话，如果说法不一样，其效果也就相差甚远。有一对夫妻，妻子晚上睡觉总是唠叨个没完没了，她丈夫天天早晨都不能按时起床。一天，妻子对丈夫说："你应该买个闹钟。"丈夫说："不用买！你不就是现成的闹钟嘛！"几句幽默的话就把妻子的缺点暗示出来了，两人在"和平"中解决了矛盾。

3. 生活快乐

夫妻生活中不仅需要温柔和不断激荡的热情，也需要有充沛的情感和智力来完善、丰富家庭生活。有位丈夫跑回家，气喘吁吁，且又得意地对妻子说："我一路跟在公共汽车后面跑回来，这一来我省了1美元。"妻子说："那你为什么不跟在出租车后面跑？那样不是可以省10美元吗？"这是对话的开头，整个夜晚夫妻生活是在甜蜜中度过的。

4. 顿消怒火

有一农民夏日碾场时活干累了，饥肠辘辘，见妻子送饭来迟，火气发作，举起木杈向妻子打去，未料贤惠的妻子却陪着笑脸说："咱夫妻俩恩爱多半辈子，我就不信你能忍心打下去！"这一着使丈夫火气顿消，木杈在空中戛然而止。

5. 应付尴尬

在处境极其不好的情况下，恰到好处地运用好幽默语言，能转危为安。古希腊伟大的哲学家苏格拉底的妻子脾气暴躁。有一次当苏格拉底正和他的学生们讨论学术问题的时候，他的妻子突然闯了进来，不由分说就大骂一通，随后又提起装满水的水桶猛地浇了过去，把苏格拉底的全身都弄湿了。学生们以为老师一定会勃然大怒，然而出乎意料，苏格拉底笑了一笑，幽默风趣地说道："我是知道的，打雷过去，一定会下雨的。"大家听了，都捧腹哈哈大笑起来。苏格拉底的妻子自知无趣，害羞地退出了室内。

6. 具备条件

一般说来，夫妻之间的幽默应该具有以下几个条件：(1) 要有乐观的性格。有的人在生活中遇到不如意的事，缺乏信心，缺乏一分为二的处世态度。因此在感情中除了高兴，就是哭泣。这样的人是不会有幽默性格的。(2) 要有广博的知识。没有广博的知识，就不会将感情的"焊点"联结起来，就不会产生幽默。(3) 要掌握一定的语言技巧。幽默的语言中，运用了大量的修辞手法。没有坚实的语言艺术作基础，幽默就成为一种虚伪的笑料。

总之，家庭生活极需幽默，我们相信，不论在什么情形中，一对善用幽默来润滑轮子的夫妻，他们获得的安宁比那些整天吵闹不休的家庭多。美国《今日心理学》杂志宣称：一齐发笑的夫妻，通常能维持永远在一起。一项心理学研究成果表明，幽默感相同的夫妻较易相爱和共偕连理。学会幽默，使夫妻之间充满欢笑，是我们每个人的责任。当你和自己的爱人在一起的时候，你应该运用自己的幽默力量，妙语横生，引人发笑，调整家庭气氛，消除疲劳和忧郁，使家中到处都流淌着笑声，到处都充满爱意。

【卡耐基箴言】

◆ 幽默是睿智的同义词，也是一种语言的艺术。同时，它还是一个人的个性、风度、才气及思想修养的具体表现。

◆ 家庭生活是产生和培植幽默的最为广阔的沃土,只要你是一个有心人,你就可以收集到丰富的家庭幽默素材,从而成为营造浪漫情调的高手。

5. 讲究语言的表达方式

语言,是人们交流信息和思想感情的重要工具,是密切人际关系的纽带,更是密切婚姻关系,增强夫妻感情交流的纽带。可以说,夫妻之间爱意的表达,大多是通过语言的表达来完成的。甜言蜜语、枕边呢喃和永远说不完的知心话,成为幸福婚姻生活不可或缺的因素。

有人说,夫妻共同生活,朝夕相处,彼此讲话随便点没关系,没有什么语言美不美的问题。其实不然。有一对青年夫妻,一次晚饭后约好去看电影。眼看时间快到了,妻子还没收拾完碗筷,丈夫一急不由嚷了起来:"你大概是属猪的,怎么这么慢。"妻子听了不是滋味,随口还了一句:"你恐怕是属兔子的,怎么跑得这么快!"就这样,两人针尖对麦芒,吵了起来,而且用语越来越粗鲁,最后,电影不仅未看成,而且因说话不文明伤害了双方的感情。这对夫妻的争吵,也许不能完全归因于讲话的方式,很可能平时夫妻关系就不怎么好。但讲话的粗鲁,不文明,毕竟是这次争吵的导火线。

诚然,在家里讲话,不必像对陌生人那样字斟句酌,考虑再三,但是,如果不注意方式方法,或出口成"脏",也会导致不好的后果。同样一句话,这样说,使人听了很惬意;那样说,使人听了则很反感。夫妻之间的对话交流更是如此,若想避免冲突,获得婚姻幸福,就必须讲究语言的表达方式。

语言的表达,也就是爱的表达。夫妻之间的对话,若不讲究方式和技巧,互相听了都很不舒服,就会惹起对方的反感,久而久之,夫妻间的磨擦也愈频繁,感情的表达，转到了爱的另一面。

那么，夫妻之间的语言表达应该采取哪些方式更合适呢？我在这里归纳几种方式为大家参考。

第一，多说"我们"是增进夫妻感情，达到心灵与心灵相互交融的最好办法。

对夫妻双方来说，"我们"代表一种意志、一份尊重、一种平等。它不仅仅是丈夫，也不仅仅是妻子，它是团结的象征，是力量的源泉。一对幸福恩爱的夫妻，永远是"我们"。

夫妻心中只要有"我们"，胸中就会有燃烧着的希望之火；只要有"我们"，生活中的一切困难就会冰消雪融。正因为如此，夫妻在日常生活中，在语言的表达时，一定要多说"我们"，而不用"我"或"你"。如果丈夫在事业上做出了成绩，妻子应该说："这是我们全家的光荣和自豪。"如果家庭遇到了不幸的事，丈夫可以对妻子说："不幸是难免的，让我们共同努力，战胜它。"这些话多用"我们"，使夫妻的两颗心更近了，确实会起到只说"我"或"你"所不能替代的作用。

第二，使用"请"、"谢谢"、"对不起"等文明礼貌用语，是夫妻相敬如宾的一种表现。

比如，你想请妻子代你去办一件事。你可以对妻子说："你下午有空吗？请帮我去买一样东西好吗？"而不要用命令的口吻说："喂，你给我跑一趟，把那样东西买回来。"不难看出，前者的效果比后者要好得多。命令式的语言往往含有一种理所当然的意思：这是你应该做的。然而，效果往往却恰好相反，常常会使对方产生不良的心理效应。

有人以为，在家庭生活中，夫妻讲话可以直来直去，开口就说，不必讲礼貌；还有人认为，讲礼貌是虚伪的。这当然是一种误解。语言的文明、亲切，反映了人的一种修养和素质，也说明人的知识层次，既不是虚伪、客套，也不是可有可无。试想，妻子生病吃药，丈夫马上送来一杯温开水，妻子吃完药，对丈夫微笑着说"谢谢"，这难道不合情理吗？丈夫听了，也会觉得自己做了一件令妻子满意的事。所以，在夫妻之间，应当提倡这种说话方式，只有让这种方式在家庭中扎根，才会形成一种和睦亲切的气氛。

第三，多问句"你看呢？"是夫妻和睦相处的润滑剂。

夫妻双方在商量事情时采取这种方式，不是显示自己要把意见强加于人，而是使对方感到，可以同意，也可以不同意。它不带有任何强制性。假如对方不同意，因为自己是同对方商量，也不会感到尴尬、生气或者发怒，大有退步之地。比如，"晚上我们打算去看电影，你看去哪个影院比较好呢？"这种语言表达方式，使对方不得不考虑回答你的问题，而且在一般情况下，会达到你的目的。

夫妻间商量事情，养成问一句"你看呢？"的习惯，既不是故作姿态，也不是形式主义，而是夫妻互敬互爱，以及在家庭中的地位、作用平等均衡的体现。诚然，夫妻间的天赋、学历、才能和对社会的贡献、家庭的影响各不相同，但这不应该成为在家庭中地位高低、作用大小的砝码。夫妻都是家庭中的普通成员，各自与对方一起对家庭负有同等的责任。在处理家庭事务中，一样具有对等的权威。所以说，在家庭生活中，只要你向爱人多问几句"你看呢？"就会在愉悦的心境中决定取舍，这也许是幸福家庭不可缺少的调节剂。

第四，使用安慰式的语言，是夫妻双方患难与共的真实写照。

现实生活并不都是鲜花和绿茵，当夫妻一方生活中遇到不幸，或在工作中遇到挫折和失败，这时，另一方要以安慰式的语言进行劝导，给予鼓励，使对方不致于过分伤心，而且鼓起勇气，振作起来。

法国著名的科幻小说家凡尔纳在未成名时，多次投稿都被退回，气得他要把书稿扔进火炉。这时妻子对他说："亲爱的，你再投一次吧，我相信你一定能成功。"他再投了一次，结果被采用了，而且一举成名。

第五，多使用委婉语言是避免夫妻难堪、加深感情的一种有效方法。

也就是说，在日常生活中，夫妻说话不要使对方感到难堪、扫兴，特别是在众人面前，说话更应尊重对方的自尊心。比如，妻子买了新衣服，兴冲冲地问你这件衣服是否好看时，如果你觉得不好看，直接说出来会使妻子不愉快，此时，你可以说："你那件衣服比这件好看。"这样就委婉地说明了你对这件衣服的态度。

夫妻朝夕相处，生活中难免会发生矛盾，但即使闹矛盾了，也不能怒不择言，只要一方注意使用委婉的语言，就会避免争吵，改善家庭气氛。另外，如果遇到对方责怪，只要责怪的有理，自己应该认错；倘若责怪的无理，自己也应该忍耐。心理学家调查发现，大多数夫妻争吵，是由于一方责怪，另一方反责而引起的。要知道，对方之所以指责你，说明心中已经不快，此时你再反唇相讥，就如火上浇油，势必使对方的情绪更加恶化。

总之，以上这些方法，表现上看是语言表达的技巧问题，实际上是夫妻双方根本态度问题。也就是说，夫妻间的谈话技巧，首先要取决于彼此的真挚感情。即互相尊重、互相信任、互相谅解，如果做不到这一点，那只能是虚情假意。所以，夫妻之间的语言表达只有在此基础上进行，并且不断提高对话的艺术水平，才能使爱情不断深化和发展。

【卡耐基箴言】

- ◆ 当爱情发言的时候，就像诸神的合唱，使整个的天界陶醉于仙乐之中。
- ◆ 真正使夫妻亲密地相互了解并相爱，深深长久地维系夫妻关系的，还是语言这个桥梁。所有的婚姻关系最后都要经过语言的考验。

6. 创造双赢的夫妻沟通

婚姻使处于两个不同家庭中的男女走到一起，共同生活，这就意味着在认识、结婚以前，你和你的爱人都已经有了自己的生活经历，都已经形成了自己的人生观、价值观。你们为了爱、为了家庭走到了一起，如果在婚后不能及时地进行更深入、更全面的了解与沟通，要想幸福是很难的。良好的交流是美满婚姻的核心，它是使夫妻双方相互了解彼此的需求以及他们随时随地的感受的唯一的方法。

然而，沟通并不是那么容易的，良好的沟通可以使夫妻建立起信任、理解，使彼此更加亲密。而那些缺乏技巧的沟通，却往往会得到适得其反的效果。

夫妻间的沟通确实是一门大学问，要实现双赢的夫妻沟通，非掌握一定的沟通技巧不可。

第一，沟通什么。

1. 说得多不如说得好。沟通不能无度，这是一条极为重要的原则。谈到沟通，不少人误以为必须把心里的想法和感受全部讲出来。其实夫妻双方必须过滤说话的内容，对伤害夫妻关系的内容就不要说。

夫妻相处长了，对于配偶的好恶应该有一定程度的了解，某些话题是对方的禁忌，就别再去碰这个话题。如果丈夫的学历不高，对有关学历的谈话比较敏感，做妻子的就不要以此为话题，以避免伤到丈夫的自尊。

2. 完全坦白，不如留有余地。常见的婚姻误区是：夫妻之间必须绝对地坦白，不可有个人隐私，说话毫无保留，结果却使得对方产生负面情绪，负面情绪累积多了，将不利于婚姻关系。

例如，妻子说："我今天遇到你以前交往过的露茜小姐，她还是那样的迷人。"丈夫说："她本来是很迷人，像她这样的女性不多，我想很多男性都会喜欢她。"这位丈夫很坦诚地把他的想法讲出来，有可能会让妻子怀疑他仍旧怀念着旧情人，将使夫妻关系蒙上阴影。

夫妻交流也不是要事事说真话，说真话需要绝对的诚实，而绝对的诚实需要极大的机智，要做到又谈何容易。你的爱人不需要准确知道你的感觉和所想的情况，当你不得不说出你的感受时，对所说的话要慎重。有时，即使是亲近的夫妻，也需要善意的谎言，这与真诚的原则并不违背，但是切记这只适用于无关原则的事情上。

第二，何时沟通。

沟通主要由语言来实现，但沟通并不仅仅是夫妻双方你一句我一句的搭话，还存在一个语言有效性的问题,有时无效的语言反而会成为沟通的障碍。

不同内容的交流沟通,对时机的选择有不同的要求。休闲类的交流是夫妻间最常进行的,时时都可以沟通。特别是在温馨的家中,聊聊天,开个玩笑。而交流沟通不愉快的话题,或想提出意见,在时机的把握上,就要动一下脑筋。许多人只顾自己的情绪,一吐为快,却忽视了对方是否听得进去。当一个人心中郁闷的时候,将不再有心思去倾听对方的诉说,反过来也会使诉说者因不受重视而心生不满。

因此,夫妻间的沟通交流不仅需要坚持、长久和习惯化,还要学会选择时机。

第三,如何沟通。

1. 倾听。保罗·蒂尔里奇说:"爱的第一职责是倾听。"沟通是双向的,倾听是沟通的重要组成部分。在沟通时,许多人往往急着表达自己的意见,而各说各的,忽视了别人在说什么,使沟通效果大打折扣。倾听是指站在对方的立场上,用心去了解对方所表达的意思。不只包含听到对方说什么,还要体会到对方话语里蕴含的意义,注意其手势、表情、声调、身体语言,然后对于所听到、观察到的,给予适当而简短的反应,让他觉得自己被看重、被了解、被接纳。

2. 接纳。不论你听到什么,不管对方表达的内容是对是错,先别急着辩驳或去指正,试着去体会对方的感受,才能使他放下防卫,弱化个人的坚持,进而聆听你所说的话。认可对方并非代表同意对方的观点,只是表示你能够体会到他的个人感受。

3. 反馈。学习在沟通中给对方反馈,将你所听到的告诉他"你的意思是……""你是说……吗?"可避免因听错而产生不必要的误会。

4. 运用"我信息"。许多人常喜欢用"你信息"来沟通:"你不准这样……""你难道不能……""你以为家里只有你一个人吗?"这容易让对方感受威胁,而引起反抗心理,或者激怒对方而引发矛盾。

若运用"我信息",以我开头,"我觉得……""因为我……"则较无攻击性,让听者有较大的心理空间来思考你所说的话。而且用"我"开头，表示说话者自己负起这次沟通的责任；若用"你"来叙述，则把过错丢给听者，容易激起听者的负面情绪。

5. 表里如一的沟通。当你内在的想法与表达出来的信息一致时，一方面可能让你照顾到自己内在的需求，不会委屈、压抑或有戴面具的感觉；另一方面让对方知道你到底要什么，才能重视你的问题。这样的沟通，才能顾及双方感受。例如，有些人表面上回答："没关系、都可以、看你想怎么做"，实际上内心另有其他想法。

6. 具体化。说话者要尽可能把自己的感受与期待明确地表达出来，简单、具体、明确，能让对方清楚你要表达的重点。

每个人的内在状态有如水面下的冰山，不容易让别人了解，除非你愿意表达出来，告诉配偶你的感受、观点、期待、渴望与需求，才能让配偶了解你的内在状态。

许多人习惯于表达看法，但只停留在表面的事件讨论及解决问题，很少把真正的感受表达出来，而表达感受却是让对方了解你的重点所在。

7. 多用正向的语意。例如，"记得把用过的杯子拿到厨房放好"，将比"每次喝完开水，杯子总是乱放"这样的指责来得好。

8. 忌用威胁、羞辱等伤害性的言语。沟通的目的是希望自己的信息能被尊重与接纳，如果用具有伤害性的语言来传达，对方会产生巨大的防卫心理，引起对方的负面情绪，这样会让双方陷入情绪化的互动中，失去沟通的目的。

8. 别陷入是非对错之争。沟通的目的在于交换信息以解决问题，增进了解或改进关系。但是夫妻沟通时，常把注意力放在谁是谁非上，意见的沟通变成意气之争，这将使沟通陷入僵局。

9. 欣赏与鼓励、包容与谅解。增进两人的情义，随时为两人的情感亲密度加温的沟通，可为夫妻之间的和谐美满打下深厚的基础。

总之，夫妻间的感情沟通不是一朝一夕来完成的，它伴随着夫妻的一生一

第十章 有声有色的夫妻相处说话技巧

世,是在漫长的岁月中不断得到升华的。只有善于体会对方的情感和需要,善于表达自己的情感,才能使感情沟通发生作用,从而创造双赢的夫妻沟通。

【卡耐基箴言】

- ◆ 沟通过程中,委婉是一种有效的粘合剂。委婉是一种以坦诚开放的沟通来对待对方,同时也尊重他人的感受,不做无谓的伤害。
- ◆ 夫妻沟通的内涵是非常广泛的,除了语言之外,一个眼神,一个手势,甚至身体的姿势、呼吸的节奏都可以表达出一种信息。

附录

卡耐基生平

卡耐基（Carnegie,D. 1888年11月24日－1955年11月1日），被誉为是20世纪最伟大的心灵导师和成功学大师，美国现代成人教育之父，美国著名的人际关系学大师，西方现代人际关系教育的奠基人。

卡耐基一生结过两次婚。他的第一任夫人，是法国的一位女伯爵，1921年与他结婚，十年后离异。他的第二任夫人姚乐丝·卡耐基于1944年和他结婚，是他的门徒和事业的继承人，并给他生了一个孩，取名丹娜。

卡耐基是一位质朴而虔诚的人。他热情、友善、忠诚；并且具有坚强的信念、充沛的精力和对理想执着追求的毅力。他出生于美国密苏里州一个贫穷的农民家里。他的父亲是一个勤勉的农夫，他的母亲是一个虔诚的教徒，婚前她曾做过教员。卡耐基的童年和其他美国中西部农家的男孩子一样，帮助家里做杂事、赶牛、挤牛奶；还一度为人摘草莓，割野草，一小时赚五美分。在那个没有农业机械的年代，他和父亲一起做着繁重的农活。可是年年河水泛滥，冲毁庄稼，往往使他们一年的辛劳付诸东流，全家人过着贫困的生活。

如果说，卡耐基的童年和密苏里州农家男孩子有什么不同的话，那就是受到他母亲的很大影响。他母亲鼓励他读书，希望他将来做一名传教士，或做一名教员。但是，家境的贫困，使年轻的卡耐基必须为受教育而努力奋斗。1904年，卡耐基高中毕业后就读于密苏里州华伦斯堡州立师范学院。这个时候，他的家已把原来的农场卖掉，迁到华伦斯堡师范学院附近。卡耐基负担不起市镇上的生活费用，就住在农场的家里，每天骑马到学校去上课，是全校六百名学生中五六个住不起市镇的学生之一。在家里，他挤牛奶，伐木，喂猪，在煤油灯下刻苦读书，有点中国古训标榜的那样：头悬梁，锥刺股。他虽然得到全额奖学金，但还必须参加各种工作，以赚取必要的学习费用。这使他感到羞耻，形成了一种自卑的心理。因而，他想寻求出人头地的捷径。在学校里，具有特殊影响和名望的人，一个是棒球球员，一个是那些辩论和演讲获胜的人。他知道自己没有运动员的才华，就决心在演讲比赛上获胜。他花了几个月的时间练习演讲，但一次又一次地失败了。失败带给他的失望和灰心，甚至使他想到自杀。然而第二年里，他开始获胜了。

他原先的目标，是想在学校里获得学位，毕业后回到家乡的学校里去教书。但在快毕业的那年里，他发现同班的一个同学在暑假为国际函授学校推销函授课，每周所得的钱，比他父亲的辛勤所得还高出四倍。因此，他在1908年毕业后，便赶到国际函授学校总部所在地的丹佛市，受雇做了一名推销员。后来他又到南奥马哈，为阿摩尔公司贩卖火腿、肥皂和猪油。他的这个推销工作虽然很成功，但在1911年，他却到纽约《美国戏剧艺术学院》学习演戏。一年以后，他感到自己并不具备演戏的天才，于是又回到推销的行业里，为一家汽车公司当推销员。

但这些工作都不合他的理想。他为没有实现在大学里梦想写小说，不能成就一番伟业而苦恼。他认为他应该过有意义的生活，这比赚钱更重要。他决心白天写书，晚间去夜校教书，以赚取生活费。他想为夜校教公开演讲课，因为他认为，大学时代他在公开演说方面受过训练，有所经验。这些训练和经验，扫除了他的怯懦和自卑，让他有勇气和信心跟人打交道，增长了做人处世的才能。于是他说服了纽约一个基督教青年会的会长，同意他晚间为商业界人士开设一个公开演讲班。从此，他开始了为之奋斗一生的成人教育事业。

戴尔·卡耐基利用大量普通人不断努力取得成功的故事，通过演讲和著书唤起无数陷入迷惘者的斗志，激励他们取得辉煌的成功。其在1936年出版的著作《人性的弱点》，70年来始终被西方世界视为社交技巧的圣经之一。他在1912年创立卡了耐基训练班，以教导人们人际沟通及处理压力的技巧。

卡耐基著作

卡耐基一生写了不少文章，登载在报刊杂志上，并开播了自己的无线电广播节目，谈了很多著名人物鲜为人知的一面。

卡耐基的著作，都不是单纯地为了出版才撰写的，而是由凝结了卡耐基成人教育成果的讲义、教材逐步丰富、发展成书的，并且成书之后，不仅成为畅销书，又以教材的形式，丰富和发展了卡耐基成人教育的内容。

卡耐基的代表著作：

《人性的优点》

是卡耐基教授写的一本关于如何克服忧虑的书。它对于开阔我们的视野，战胜自身的忧虑，特别是克服封闭式的人性弱点，将有宝贵的启示和借鉴作用。

《人性的弱点》

是卡耐基教授写的一本关于改善人际关系、教人做人处世艺术的书。它对于开阔我们的视野，改善我们的人际关系，将有借鉴意义。

《积极的人生》

本书阐述了卡耐基教授用来丰富生活的理论、原则和做法，它对于开阔我们的视野，如何应用做人处世的法则，来征服畏惧、培养自信、传达热忱、改善人际关系、激发人的潜能、使人走向积极的人生，将有宝贵的启示和借鉴作用。

《伟大的人物》

是卡耐基教授在搜集、研究和整理世界 57 个古今伟人、名人资料的基础上写成的。本书记述了这些伟人、名人、奇人在人生事业上的成功之路上的艰苦跋涉，成就伟业的生动事例和鲜为人知的奇闻轶事。

《成功的 12 种方法》

是卡耐基哲学思想和教育体系的集大成。它是卡耐基教授一生的经验总结出的确确实实地对大家有用的十二把打开成功之门的钥匙。

《成功交际法则》

是卡耐基教授写的关于成功交际法则的书。它对于开阔我们的视野，促进我们的成功交际，特别是克服封闭式的人性弱点，将有宝贵的启示和借鉴作用。

《成功之道全书》

是卡耐基哲学思想和成功学教育体系的总结。它是卡耐基教授一生的成功经验的汇总。

《语言的突破》

是一本要人们克服畏惧、建立自信，更有效地说话的书，它对于开阔我们的视野，顺乎自然地发挥自己的潜在智能，在各种场合下发表恰当的谈话，博得赞誉，获得成功，将有宝贵的启示和借鉴作用。

《写给女人》

是卡耐基夫人根据她多年工作的体会，以其女性独有的视角与聪慧，专门写给妇女的生活教科学。它对于开阔我们的视野，特别是对于克服封闭的人性弱点，将有宝贵的启示和借鉴作用。这是一部女性缔造成熟之爱、获取人生幸福的经典之作。

《快乐的人生》

此书是《人性的优点》续集。该书的前三部分，阐述了要想得到快乐就必须"培养快乐的心理"、"不为别人的批评而不快乐"、"支配你的工作和金钱"；第四部分则由几十位名人现身说法，讲述自己如何得到快乐的经历。总之，这是一本引导人们踏上快乐人生的书。

《魅力口才与说话技巧》

本书是卡耐基出版的第一部成功学著作，它教给人们怎样克服畏惧，建立自信，怎样实现良好的人际关系的沟通，怎样顺乎自然地发挥自己的最大潜能。

上述这些著作，是卡耐基成人教育实践的结晶，也是卡耐基哲学思想的集中体现，一直畅销不衰。它们和卡耐基的成人教育相辅相成，改变了传统的成人教育方式，影响了千百万人的生活，也使卡耐基本人享誉世界，由一个贫民之子，成为20世纪的名人和富翁。